JN092639

興味の尽きることのない漢字学習

漢字文化圏の人々だけではなく、
世界中に日本語研究をしている人が数多くいます。
漢字かなまじり文は、独特の形を持ちながら
伝統ある日本文化を支え、
伝達と文化発展の基礎となってきました。
その根幹は漢字。
一字一字を調べていくと、
その奥深さに心打たれ、興味がわいてきます。
漢字は、生涯かけての
勉強の相手となるのではないでしょうか。

「漢検」級別 主な出題内容

10級 …対象漢字数 80字
漢字の読み／漢字の書取／筆順・画数

9級 …対象漢字数 240字
漢字の読み／漢字の書取／筆順・画数

8級 …対象漢字数 440字
漢字の読み／漢字の書取／部首・部首名／筆順・画数／送り仮名／対義語／同じ漢字の読み

7級 …対象漢字数 642字
漢字の読み／漢字の書取／部首・部首名／筆順・画数／送り仮名／対義語／同音異字／三字熟語

6級 …対象漢字数 835字
漢字の読み／漢字の書取／部首・部首名／筆順・画数／送り仮名／対義語・類義語／同音・同訓異字／三字熟語／熟語の構成

5級 …対象漢字数 1026字
漢字の読み／漢字の書取／部首・部首名／筆順・画数／送り仮名／対義語・類義語／同音・同訓異字／誤字訂正／四字熟語／熟語の構成

4級 …対象漢字数 1339字
漢字の読み／漢字の書取／部首・部首名／送り仮名／対義語・類義語／同音・同訓異字／誤字訂正／四字熟語／熟語の構成

3級 …対象漢字数 1623字
漢字の読み／漢字の書取／部首・部首名／送り仮名／対義語・類義語／同音・同訓異字／誤字訂正／四字熟語／熟語の構成

準2級 …対象漢字数 1951字
漢字の読み／漢字の書取／部首・部首名／送り仮名／対義語・類義語／同音・同訓異字／誤字訂正／四字熟語／熟語の構成

2級 …対象漢字数 2136字
漢字の読み／漢字の書取／部首・部首名／送り仮名／対義語・類義語／同音・同訓異字／誤字訂正／四字熟語／熟語の構成

準1級 …対象漢字数 約3000字
漢字の読み／漢字の書取／故事・諺／対義語・類義語／同音・同訓異字／誤字訂正／四字熟語

1級 …対象漢字数 約6000字
漢字の読み／漢字の書取／故事・諺／対義語・類義語／同音・同訓異字／誤字訂正／四字熟語

※ここに示したのは出題分野の一例です。毎回すべての分野から出題されるとは限りません。また、このほかの分野から出題されることもあります。

日本漢字能力検定採点基準 最終改定：平成25年4月1日

❶採点の対象

筆画を正しく、明確に書かれた字を採点の対象とし、くずした字や、乱雑に書かれた字は採点の対象外とする。

❷字種・字体

①2～10級の解答は、内閣告示「常用漢字表」(平成二十二年)による。ただし、旧字体での解答は正答とは認めない。

②1級および準1級の解答は、『漢検要覧 1／準1級対応』(公益財団法人日本漢字能力検定協会発行)に示す「標準字体」「許容字体」「旧字体一覧表」による。

❸読み

①2～10級の解答は、内閣告示「常用漢字表」(平成二十二年)による。

②1級および準1級の解答には、①の規定は適用しない。

❹仮名遣い

仮名遣いは、内閣告示「現代仮名遣い」による。

❺送り仮名

送り仮名は、内閣告示「送り仮名の付け方」による。

❻部首

部首は、『漢検要覧 2～10級対応』(公益財団法人日本漢字能力検定協会発行)収録の「部首一覧表と部首別の常用漢字」による。

❼筆順

筆順の原則は、文部省編『筆順指導の手びき』(昭和三十三年)による。常用漢字一字一字の筆順は、『漢検要覧 2～10級対応』収録の「常用漢字の筆順一覧」による。

❽合格基準

級	満点	合格
1級／準1級／2級	二〇〇点	八〇％程度
準2級／3級／4級／5級／6級／7級	二〇〇点	七〇％程度
8級／9級／10級	一五〇点	八〇％程度

※部首、筆順は『漢検 漢字学習ステップ』など公益財団法人日本漢字能力検定協会発行図書でも参照できます。

日本漢字能力検定審査基準

10級

程度　小学校第1学年の学習漢字を理解し、文や文章の中で使える。

領域・内容

《読むことと書くこと》　小学校学年別漢字配当表の第1学年の学習漢字を読み、書くことができる。

《筆順》　点画の長短、接し方や交わり方、筆順および総画数を理解している。

9級

程度　小学校第2学年までの学習漢字を理解し、文や文章の中で使える。

領域・内容

《読むことと書くこと》　小学校学年別漢字配当表の第2学年までの学習漢字を読み、書くことができる。

《筆順》　点画の長短、接し方や交わり方、筆順および総画数を理解している。

8級

程度　小学校第3学年までの学習漢字を理解し、文や文章の中で使える。

領域・内容

《読むことと書くこと》　小学校学年別漢字配当表の第3学年までの学習漢字を読み、書くことができる。

- 音読みと訓読みとを理解していること
- 送り仮名に注意して正しく書けること（食べる、楽しい、後ろ　など）
- 対義語の大体を理解していること（勝つ―負ける、重い―軽い　など）
- 同音異字を理解していること（反対、体育、期待、太陽　など）

《筆順》　筆順、総画数を正しく理解している。

《部首》　主な部首を理解している。

7級

程度　小学校第4学年までの学習漢字を理解し、文章の中で正しく使える。

領域・内容

《読むことと書くこと》　小学校学年別漢字配当表の第4学年までの学習漢字を読み、書くことができる。

- 音読みと訓読みとを正しく理解していること
- 送り仮名に注意して正しく書けること（等しい、短い、流れる　など）
- 熟語の構成を知っていること
- 対義語の大体を理解していること（入学―卒業、成功―失敗　など）
- 同音異字を理解していること（健康、高校、公共、外交　など）

《筆順》　筆順、総画数を正しく理解している。

《部首》　部首を理解している。

6級

程度 小学校第5学年までの学習漢字を理解し、文章の中で漢字が果たしている役割を知り、正しく使える。

領域・内容

《読むことと書くこと》 小学校学年別漢字配当表の第5学年までの学習漢字を読み、書くことができる。

- 音読みと訓読みとを正しく理解していること
- 送り仮名や仮名遣いに注意して正しく書けること（求める、失うなど）
- 熟語の構成を知っていること（上下、絵画、大木、読書、不明など）
- 対義語、類義語の大体を理解していること（禁止―許可、平等―均等など）
- 同音・同訓異字を正しく理解していること

《筆順》 筆順、総画数を正しく理解している。

《部首》 部首を理解している。

5級

程度 小学校第6学年までの学習漢字を理解し、文章の中で漢字が果たしている役割に対する知識を身に付け、漢字を文章の中で適切に使える。

領域・内容

《読むことと書くこと》 小学校学年別漢字配当表の第6学年までの学習漢字を読み、書くことができる。

- 音読みと訓読みとを正しく理解していること
- 送り仮名や仮名遣いに注意して正しく書けること
- 熟語の構成を知っていること
- 対義語、類義語を正しく理解していること
- 同音・同訓異字を正しく理解していること

《四字熟語》 四字熟語を正しく理解している（有名無実、郷土芸能など）。

《筆順》 筆順、総画数を正しく理解している。

《部首》 部首を理解し、識別できる。

4級

程度 常用漢字のうち約1300字を理解し、文章の中で適切に使える。

領域・内容

《読むことと書くこと》 小学校学年別漢字配当表のすべての漢字と、その他の常用漢字約300字の読み書きを習得し、文章の中で適切に使える。

- 音読みと訓読みとを正しく理解していること
- 送り仮名や仮名遣いに注意して正しく書けること
- 熟語の構成を正しく理解していること
- 熟字訓、当て字を理解していること（小豆／あずき、土産／みやげなど）
- 対義語、類義語、同音・同訓異字を正しく理解していること

《四字熟語》 四字熟語を理解している。

《部首》 部首を識別し、漢字の構成と意味を理解している。

3級

程度 常用漢字のうち約1600字を理解し、文章の中で適切に使える。

領域・内容

《読むことと書くこと》 小学校学年別漢字配当表のすべての漢字と、その他の常用漢字約600字の読み書きを習得し、文章の中で適切に使える。

- 音読みと訓読みとを正しく理解していること
- 送り仮名や仮名遣いに注意して正しく書けること
- 熟語の構成を正しく理解していること
- 熟字訓、当て字を理解していること（乙女／おとめ、風邪／かぜなど）
- 対義語、類義語、同音・同訓異字を正しく理解していること

《四字熟語》 四字熟語を理解している。

《部首》 部首を識別し、漢字の構成と意味を理解している。

※常用漢字とは、平成22年（2010年）11月30日付内閣告示による「常用漢字表」に示された2136字をいう。

準2級

程度　常用漢字のうち1951字を理解し、文章の中で適切に使える。

領域・内容

《読むことと書くこと》　1951字の漢字の読み書きを習得し、文章の中で適切に使える。

・音読みと訓読みとを正しく理解していること
・送り仮名や仮名遣いに注意して正しく書けること
・熟語の構成を正しく理解していること
・熟字訓、当て字を理解していること（硫黄／いおう、相撲／すもう　など）
・対義語、類義語、同音・同訓異字を正しく理解していること

《四字熟語》　典拠のある四字熟語を理解している（驚天動地、孤立無援　など）。

《部首》　部首を識別し、漢字の構成と意味を理解している。

※　1951字とは、昭和56年（1981年）10月1日付内閣告示による旧「常用漢字表」の1945字から「勺」「錘」「銑」「脹」「匁」の5字を除いたものに、現行の「常用漢字表」のうち、「茨」「媛」「岡」「熊」「埼」「鹿」「栃」「奈」「梨」「阪」「阜」の11字を加えたものを指す。

2級

程度　すべての常用漢字を理解し、文章の中で適切に使える。

領域・内容

《読むことと書くこと》　すべての常用漢字の読み書きに習熟し、文章の中で適切に使える。

・音読みと訓読みとを正しく理解していること
・送り仮名や仮名遣いに注意して正しく書けること
・熟語の構成を正しく理解していること
・熟字訓、当て字を理解していること（海女／あま、玄人／くろうと　など）
・対義語、類義語、同音・同訓異字などを正しく理解していること

《四字熟語》　典拠のある四字熟語を理解している（鶏口牛後、呉越同舟　など）。

《部首》　部首を識別し、漢字の構成と意味を理解している。

準1級

程度　常用漢字を含めて、約3000字の漢字の音・訓を理解し、文章の中で適切に使える。

領域・内容

《読むことと書くこと》　常用漢字の音・訓を含めて、約3000字の漢字の読み書きに慣れ、文章の中で適切に使える。

・熟字訓、当て字を理解していること
・対義語、類義語、同音・同訓異字などを理解していること
・国字を理解していること（峠、凧、畠　など）
・複数の漢字表記について理解していること（國―国、交叉―交差　など）

《四字熟語・故事・諺》　典拠のある四字熟語、故事成語・諺を正しく理解している。

《古典的文章》　古典的文章の中での漢字・漢語を理解している。

※　約3000字の漢字は、JIS第一水準を目安とする。

1級

程度　常用漢字を含めて、約6000字の漢字の音・訓を理解し、文章の中で適切に使える。

領域・内容

《読むことと書くこと》　常用漢字の音・訓を含めて、約6000字の漢字の読み書きに慣れ、文章の中で適切に使える。

・熟字訓、当て字を理解していること
・対義語、類義語、同音・同訓異字などを理解していること
・国字を理解していること（怺える、毟る　など）
・地名・国名などの漢字表記（当て字の一種）を知っていること
・複数の漢字表記について理解していること（鹽―塩、颱風―台風　など）

《四字熟語・故事・諺》　典拠のある四字熟語、故事成語・諺を正しく理解している。

《古典的文章》　古典的文章の中での漢字・漢語を理解している。

※　約6000字の漢字は、JIS第一・第二水準を目安とする。

※常用漢字とは、平成22年（2010年）11月30日付内閣告示による「常用漢字表」に示された2136字をいう。

個人受検の申し込みについて 申し込みから合否の通知まで

1 受検級を決める

受検資格　制限はありません
実施級　1、準1、2、準2、3、4、5、6、7、8、9、10級
検定会場　全国主要都市約170か所に設置
（実施地区は検定の回ごとに決定）

2 検定に申し込む

● **インターネットで申し込む**
ホームページ https://www.kanken.or.jp/ から申し込む
（クレジットカード決済、コンビニ決済、楽天ペイが可能です）。

下記バーコードから日本漢字能力検定協会ホームページへ簡単にアクセスできます。

● **コンビニエンスストアで申し込む**
・ローソン「Loppi」
・セブン-イレブン「マルチコピー」
・ファミリーマート「Famiポート」
・ミニストップ「MINISTOP Loppi」
検定料は各店舗のレジカウンターで支払う。

● **取扱書店（大学生協含む）を利用する**
取扱書店（大学生協含む）で検定料を支払い、願書と書店払込証書を協会へ郵送する。

● **取扱新聞社などへ申し込む**
取扱新聞社で検定料を支払い、願書を渡す。

注意

①家族・友人と同じ会場での受検を希望する方は次の手続きをお願いします。
〔取扱書店・取扱新聞社での申し込みの場合〕
願書等を1つの封筒に同封してください。
〔インターネット、コンビニエンスストアでの申し込みの場合〕
検定料のお支払い完了後、申込締切日の3営業日後までに協会（お問い合わせフォーム）までお知らせください。
②車いすで受検される方や、身体的・精神的な理由により、受検上の配慮を希望される方は、申込締切日までに協会（お問い合わせフォーム）までご相談ください（申込締切日以降のお申し出には対応できかねます）。
③検定料を支払われた後は、受検級・受検地を含む内容変更および取り消し・返金は、いかなる場合もできません。また、次回以降の振り替え、団体受検や漢検CBTへの変更もできません。

3 受検票が届く

● 受検票は検定日の約1週間前にお届けします。4日前になっても届かない場合、協会までお問い合わせください。

お問い合わせ窓口

電話番号　フリーコール 0120-509-315（無料）
（海外からはご利用いただけません。ホームページよりメールでお問い合わせください。）

お問い合わせ時間　月～金　9時00分～17時00分
（祝日・お盆・年末年始を除く）
※検定日とその前日の土、日は開設
※検定日と申込締切日は9時00分～18時00分

メールフォーム　https://www.kanken.or.jp/kanken/contact/

4 検定日当日

検定時間

2級　：10時00分～11時00分（60分間）
準2級　：11時50分～12時50分（60分間）
8・9・10級　：11時50分～12時30分（40分間）
1・3・5・7級：13時40分～14時40分（60分間）
準1・4・6級　：15時30分～16時30分（60分間）

持ち物

受検票、鉛筆（HB、B、2Bの鉛筆またはシャープペンシル）、消しゴム

※ボールペン、万年筆などの使用は認められません。ルーペ持ち込み可。

注意

①会場への車での来場（送迎を含む）は、周辺の迷惑になりますのでご遠慮ください。
②検定開始時刻の15分前を目安に受検教室までお越しください。答案用紙の記入方法などを説明します。
③携帯電話やゲーム、電子辞書などは、電源を切り、かばんにしまってから入場してください。
④検定中は受検票を机の上に置いてください。
⑤答案用紙には、あらかじめ名前や受検番号などが印字されています。
⑥検定日の約5日後に漢検ホームページにて標準解答を公開します。

5 合否の通知

検定日の約40日後に、受検者全員に「検定結果通知」を郵送します。合格者には「合格証書」・「合格証明書」を同封します。欠席者には検定問題と標準解答をお送りします。受検票は検定結果が届くまで大切に保管してください。

注目

進学・就職に有利！
合格者全員に合格証明書発行

大学・短大の推薦入試の提出書類に、また就職の際の履歴書に添付してあなたの漢字能力をアピールしてください。合格者全員に、合格証書と共に合格証明書を2枚、無償でお届けいたします。

合格証明書が追加で必要な場合は有償で再発行できます。

次の❶～❹を同封して、協会までお送りください。約1週間後、お手元にお届けします。

❶合格証明書再発行依頼書（漢検ホームページよりダウンロード可能）もしくは氏名・住所・電話番号・生年月日、および受検年月日・受検級・認証番号（合格証書の左上部に記載）を明記したもの
❷本人確認資料（学生証、運転免許証、健康保険証など）のコピー
❸住所・氏名を表に明記し切手を貼った返信用封筒
❹証明書1枚につき発行手数料として500円の定額小為替

団体受検の申し込み

学校や企業などで志願者が一定以上まとまると、団体申込ができ、自分の学校や企業内で受検できる制度もあります。団体申込を扱っているかどうかは先生や人事関係の担当者に確認してください。

「漢検」受検の際の注意点

【字の書き方】

問題の答えは楷書で大きくはっきり書きなさい。乱雑な字や続け字、また、行書体や草書体のようにくずした字は採点の対象とはしません。

特に漢字の書き取り問題では、答えの文字は教科書体をもとにして、はねるところ、とめるところなどもはっきり書きましょう。また、画数に注意して、一画一画を正しく、明確に書きなさい。

《例》

○熱　×熱

○言　×言

○糸　×糸

【字種・字体について】

(1)日本漢字能力検定2～10級においては、「常用漢字表」に示された字種で書きなさい。つまり、表外漢字（常用漢字表にない漢字）を用いると、正答とは認められません。

《例》

○交差点　×交叉点　（「叉」が表外漢字）

○寂しい　×淋しい　（「淋」が表外漢字）

(2)日本漢字能力検定2～10級においては、「常用漢字表」に示された字体で書きなさい。なお、「常用漢字表」に参考として示されている康熙（こうき）字典体など、旧字体と呼ばれているものを用いると、正答とは認められません。

《例》

○真　×眞

○渉　×涉

○飲　×飮

○迫　×迫

○弱　×弱

(3)一部例外として、平成22年告示「常用漢字表」で追加された字種で、許容字体として認められているものや、その筆写文字と印刷文字との差が習慣の相違に基づくとみなせるものは正答と認めます。

《例》

餌 → 餌　と書いても可

遜 → 遜　と書いても可

葛 → 葛　と書いても可

溺 → 溺　と書いても可

箸 → 箸　と書いても可

注意　(3)において、どの漢字が当てはまるかなど、一字一字については、当協会発行図書（2級対応のもの）掲載の漢字表で確認してください。

公益財団法人 日本漢字能力検定協会

改訂版

漢検

漢検要覧

漢検 公益財団法人 日本漢字能力検定協会

はじめに

本書は、日本漢字能力検定（漢検）２級〜10級を受検される方のための基本参考書として編集しました。２級〜10級の審査基準[※1]に対応しており、また、日本漢字能力検定採点基準に記載のあるすべての資料を網羅しています。

常用漢字表

平成22年11月の内閣告示で改定された「常用漢字表」をもとに、すべての常用漢字を音読みの五十音順に配列し、読みだけではなく、漢検配当級・画数・部首の欄を設けて受検者の学習の便を図りました。

また、これとは別に、漢検配当級別の漢字一覧や「常用漢字表『付表』」を掲載したほか、「常用漢字表のなかの特別な音訓と用語例」「二とおりの読み」「注意すべき読み」など、「常用漢字表」に含まれる重要な情報を見やすくまとめた資料も充実させました。

部首一覧表と部首別の常用漢字

部首については、日本漢字能力検定協会が定めたものに基づき検定を行っています。その基準となるものが、この「部首一覧表と部首別の常用漢字」です。「部首一覧表」は、部首を画数順に配列し、「部首別の常用漢字」（常用漢字すべてを部首別に列記したもの）のどのページに、調べたい部首とそれに属する漢字が掲載されているのかを、わかりやすく検索できるようにしたものです。

参考資料

採点基準に記載のある内閣告示「現代仮名遣い」「送り仮名の付け方」や、文部省編『筆順指導の手びき』のなかにある「筆順の原則」を掲載しました。また、学習に際し参考となる『異字同訓』[※2]の漢字の用法」「(付)字体についての解説」についても、改定された「常用漢字表」の内容を反映し、編集を行って掲載しています。

漢検Q&A

受検者からいただくことの多いご質問とその答えを、Q&A形式でまとめました。「表記と読みに関すること」「部首に関すること」「検定問題の解答のしかた」の三つに分類して収録しています。

付録

付録として、常用漢字一字一字の筆順を収録した「常用漢字の筆順一覧」と、常用漢字を画数から検索できる「常用漢字画数索引」を掲載しました。

以上が、本書の概要です。いずれも、見やすさ・使いやすさを追求し、学習の便に供することを目指しています。

本書を十分に活用され、「漢検」に挑戦していただくとともに、実社会で役立つ漢字能力を身につけられることを切に願っています。

※1 平成29年3月31日に文部科学省より「小学校学習指導要領」が告示されました。日本漢字能力検定では、新しい「小学校学習指導要領」の「学年別漢字配当表」に合わせ、2級～10級の出題対象となる漢字の一部の級を変更し、令和2年度第1回より新しい審査基準による検定を行います。本書の配当級もこれに準じています。

※2 平成26年2月21日に『「異字同訓」の漢字の使い分け例』が、平成28年2月29日に「常用漢字表の字体・字形に関する指針」が、文化審議会国語分科会より報告されました。資料の内容は、文化庁ホームページ（https://www.bunka.go.jp/）にてご確認ください。

目次

常用漢字表

●常用漢字（二一三六字）を音によって五十音順に並べた。音のないものは訓による。

●漢字の下に、級・読み・画数・部首を示した。

・内閣告示「常用漢字表」（平成22年）本表に示された字体を記載した（画数もこれに準じた）。ただし、一部の漢字については、例外として「漢検」で正答と認められる字体を〔　〕に入れて併せ示した。

※字種・字体については、『漢検』受検の際の注意点」（本書巻頭カラーページ）を参照。

・級の欄には、その漢字が配当されている「漢検」の級を示した。5～10級は、「小学校学習指導要領」（令和2年実施）付録の「学年別漢字配当表」掲載の漢字一〇二六字である。2～4級は、常用漢字から「学年別漢字配当表」の漢字を除いた一一一〇字である（級を赤字で示した）。

※各級の詳細については、「日本漢字能力検定審査基準」（本書巻頭カラーページ）を参照。

・読みの欄には、音訓を示した。音は片仮名で、訓は平仮名で示した。

・送り仮名は、（　）に入れて示した。

※送り仮名については、「送り仮名の付け方」（本書149ページ）を参照。

・㊥は5～10級配当漢字（小学校で学習する漢字）の読みのうち中学校で学習するもので、4級以上で出題対象となる。㊄は高等学校で学習する読みで、準2級以上で出題対象となる。なお、読みの欄が㊥㊄のみの場合は、漢字に＊印をつけ、小学校で学習する読み方（都道府県の読み方）を本書99ページに示した。

・部首は、日本漢字能力検定協会が定めたものである。

※部首の読み方については、「部首一覧表」（本書111ページ）を参照。

漢字	級	読み	画数	部首
亜	準2	ア	7	二
哀	3	アイ あわ(れ) あわ(れむ)	9	口
挨	2	アイ	10	扌
愛	7	アイ	13	心
曖	2	アイ	17	日
悪	8	アク オ㊢ わる(い)	11	心
握	4	アク にぎ(る)	12	扌
圧	6	アツ	5	土
扱	4	あつか(う)	6	扌

漢字	級	読み	画数	部首
宛	2	あ(てる)	8	宀
嵐	2	あらし	12	山
安	8	アン やす(い)	6	宀
案	7	アン	10	木
暗	8	アン くら(い)	13	日
以	7	イ	5	人
衣	7	イ ころも㊥	6	衣
位	7	イ くらい	7	亻
囲	6	イ かこ(む) かこ(う)	7	口

漢字	級	読み	画数	部首
医	8	イ	7	匚
依	4	イ エ㊢	8	亻
委	8	イ ゆだ(ねる)	8	女
威	4	イ	9	女
為	4	イ	9	灬
畏	2	イ おそ(れる)	9	田
胃	5	イ	9	肉
尉	準2	イ	11	寸
異	5	イ こと	11	田

漢字	級	読み	画数	部首
移	6	イ うつ(る) うつ(す)	11	禾
萎	2	イ な(える)	11	艹
偉	4	イ えら(い)	12	亻
椅	2	イ	12	木
彙	2	イ	13	彑
意	8	イ	13	心
違	4	イ ちが(う) ちが(える)	13	辶
維	4	イ	14	糸
慰	3	イ なぐさ(める) なぐさ(む)	15	心

漢字	級	読み	画数	部首
遺	5	イ ユイ(中)	15	辶
緯	4	イ	16	糸
域	5	イキ	11	土
育	8	イク そだ(つ) そだ(てる) はぐく(む)	8	肉
一	10	イチ イツ ひと ひと(つ)	1	一
壱	4	イチ	7	士
逸	準2	イツ	11	辶
茨	7	いばら	9	艹
芋	4	いも	6	艹

漢字	級	読み	画数	部首
引	9	イン ひ(く) ひ(ける)	4	弓
印	7	イン しるし	6	卩
因	6	イン よ(る)(高)	6	囗
咽	2	イン	9	口
姻	準2	イン	9	女
員	8	イン	10	口
院	8	イン	10	阝
〔淫〕淫	2	イン みだ(ら)(高)	11	氵

漢字	陰	飲	隠	韻	右	宇	羽	雨	唄
級	4	8	4	準2	10	5	9	10	2
読み	イン かげ かげ(る)	イン の(む)	イン かく(す) かく(れる)	イン	ウ ユウ みぎ	ウ	ウ㊥ は はね	ウ あめ あま	うた
画数	11	12	14	19	5	6	6	8	10
部首	阝	食	阝	音	口	宀	羽	雨	口

漢字	鬱	畝	浦	運	雲	永	泳	英	映
級	2	準2	準2	8	9	6	8	7	5
読み	ウツ	うね	うら	ウン はこ(ぶ)	ウン くも	エイ なが(い)	エイ およ(ぐ)	エイ	エイ うつ(る) うつ(す) は(える)㊥
画数	29	10	10	12	12	5	8	8	9
部首	鬯	田	氵	辶	雨	水	氵	艹	日

漢字	栄	営	詠	影	鋭	衛	易	疫	益
級	7	6	3	4	4	6	6	準2	6
読み	エイ さか(える) は(え)(高) は(える)(高)	エイ いとな(む)	エイ よ(む)(高)	エイ かげ	エイ するど(い)	エイ	エキ イ やさ(しい)	エキ ヤク(高)	エキ ヤク(高)
画数	9	12	12	15	15	16	8	9	10
部首	木	⺍	言	彡	金	行	日	疒	皿

漢字	液	駅	悦	越	謁	閲	円	延	沿
級	6	8	3	4	準2	3	10	5	5
読み	エキ	エキ	エツ	エツ こ(す) こ(える)	エツ	エツ	エン まる(い)	エン の(びる) の(べる) の(ばす)	エン そ(う)
画数	11	14	10	12	15	15	4	8	8
部首	氵	馬	忄	走	言	門	冂	廴	氵

漢字	炎	怨	宴	媛＊	援	園	煙	猿	遠
級	3	2	3	7	4	9	4	準2	9
読み	エン ほのお	エン オン(高)	エン	エン㊥	エン	エン その㊥	エン けむ(る) けむり けむ(い)	エン さる	エン オン(高) とお(い)
画数	8	9	10	12	12	13	13	13	13
部首	火	心	宀	女	扌	囗	火	犭	辶

＊本書99ページ参照。

漢字	鉛	塩	演	縁	艶	汚	王	凹
級	4	7	6	4	2	4	10	準2
読み	エン なまり	エン しお	エン	エン ふち	エン(高) つや	オ けが(す)(高) けが(れる)(高) けが(らわしい)(高) よご(す) よご(れる) きたな(い)	オウ	オウ
画数	13	13	14	15	19	6	4	5
部首	金	土	氵	糸	色	氵	王	凵

漢字	級	読み	画数	部首
央	8	オウ	5	大
応	6	オウ こた（える）	7	心
往	6	オウ	8	彳
押	4	オウ（高） お（す） お（さえる）	8	扌
旺	2	オウ	8	日
欧	3	オウ	8	欠
殴	3	オウ（高） なぐ（る）	8	殳
桜	6	オウ（高） さくら	10	木
翁	準2	オウ	10	羽

漢字	級	読み	画数	部首
奥	4	オウ（高） おく	12	大
横	8	オウ よこ	15	木
岡	7	おか	8	山
屋	8	オク や	9	尸
億	7	オク	15	亻
憶	4	オク	16	忄
臆	2	オク	17	月（にくづき）
虞	準2	おそれ	13	虍
乙	3	オツ	1	乙

漢字	級	読み	画数	部首
俺	2	おれ	10	亻
卸	3	おろ（す） おろし	9	卩
音	10	オン イン（中） おと ね	9	音
恩	5	オン	10	心
温	8	オン あたた（か） あたた（かい） あたた（まる） あたた（める）	12	氵
穏	3	オン おだ（やか）	16	禾
下	10	カ ゲ した しも もと（中） さ（げる） さ（がる） くだ（る） くだ（す） くだ（さる） お（ろす） お（りる）	3	一

漢字	化	火	加	可	仮	何	花	佳	価
級	8	10	7	6	6	9	10	3	6
読み	カ ケ[中] ば(ける) ば(かす)	カ ひ ほ[高]	カ くわ(える) くわ(わる)	カ	カ ケ[中] かり	カ[中] なに なん	カ はな	カ	カ あたい[高]
画数	4	4	5	5	6	7	7	8	8
部首	匕	火	力	口	亻	亻	艹	亻	亻

漢字	果	河	苛	科	架	夏	家	荷	華
級	7	6	2	9	3	9	9	8	3
読み	カ は(たす) は(てる) は(て)	カ かわ	カ	カ	カ か(ける) か(かる)	カ ゲ[中] なつ	カ ケ いえ や	カ[中] に	カ ケ[高] はな
画数	8	8	8	9	9	10	10	10	10
部首	木	氵	艹	禾	木	夂	宀	艹	艹

漢字	菓	貨	渦	過	嫁	暇	禍	靴	寡
級	4	7	準2	6	3	4	準2	準2	準2
読み	カ	カ	カ[高] うず	カ す(ぎる) す(ごす) あやま(つ)[高] あやま(ち)[高]	カ[高] よめ とつ(ぐ)	カ ひま	カ	カ[高] くつ	カ
画数	11	11	12	12	13	13	13	13	14
部首	艹	貝	氵	辶	女	日	礻	革	宀

漢字	級	読み	画数	部首
歌	9	カ うた うた(う)	14	欠
箇	4	カ	14	⺮
稼	準2	カ㊔ かせ(ぐ)	15	禾
課	7	カ	15	言
蚊	準2	か	10	虫
〔牙〕牙	2	ガ㊔ ゲ きば	4	牙
瓦	2	ガ㊔ かわら	5	瓦
我	5	ガ㊥ われ わ㊥	7	戈

漢字	級	読み	画数	部首
画	9	ガ カク	8	田
芽	7	ガ め	8	艹
賀	7	ガ	12	貝
雅	4	ガ	13	隹
餓	3	ガ	15	飠
介	4	カイ	4	人
回	9	カイ エ㊔ まわ(る) まわ(す)	6	口
灰	5	カイ㊥ はい	6	火
会	9	カイ エ㊔ あ(う)	6	人

漢字	級	読み	画数	部首
快	6	カイ こころよ(い)	7	忄
戒	4	カイ いまし(める)	7	戈
改	7	カイ あらた(める) あらた(まる)	7	攵
怪	3	カイ あや(しい) あや(しむ)	8	忄
拐	準2	カイ	8	扌
悔	3	カイ く(いる) く(やむ) くや(しい)	9	忄
海	9	カイ うみ	9	氵
界	8	カイ	9	田
皆	4	カイ みな	9	白

漢字	級	読み	画数	部首
械	7	カイ	11	木
絵	9	カイ エ	12	糸
開	8	カイ ひら(く) ひら(ける) あ(く) あ(ける)	12	門
階	8	カイ	12	阝
塊	3	カイ かたまり	13	土
楷	2	カイ	13	木
解	6	カイ ゲ(高) と(く) と(かす) と(ける)	13	角
潰	2	カイ つぶ(す) つぶ(れる)	15	氵
壊	4	カイ こわ(す) こわ(れる)	16	土

漢字	級	読み	画数	部首
懐	準2	カイ ふところ(高) なつ(かしい)(高) なつ(かしむ)(高) なつ(く)(高) なつ(ける)(高)	16	忄
諧	2	カイ	16	言
貝	10	かい	7	貝
外	9	ガイ ゲ(中) そと ほか はず(す) はず(れる)	5	夕
劾	準2	ガイ	8	力
害	7	ガイ	10	宀
崖	2	ガイ がけ	11	山

漢字	級	読み	画数	部首
涯	準2	ガイ	11	氵
街	7	ガイ カイ(中) まち	12	行
慨	3	ガイ	13	忄
蓋	2	ガイ ふた	13	艹
該	3	ガイ	13	言
概	3	ガイ	14	木
骸	2	ガイ	16	骨
垣	準2	かき	9	土
柿	2	かき	9	木

漢字	級	読み	画数	部首
各	7	カク / おのおの㊫	6	口
角	9	カク / かど / つの	7	角
拡	5	カク	8	扌
革	5	カク / かわ㊥	9	革
格	6	カク / コウ㊫	10	木
核	準2	カク	10	木
殻	準2	カク / から	11	殳
郭	3	カク	11	阝
覚	7	カク / おぼ(える) / さ(ます) / さ(める)	12	見

漢字	級	読み	画数	部首
較	4	カク	13	車
隔	3	カク / へだ(てる) / へだ(たる)	13	阝
閣	5	カク	14	門
確	6	カク / たし(か) / たし(かめる)	15	石
獲	4	カク / え(る)	16	犭
嚇	準2	カク	17	口
穫	3	カク	18	禾
学	10	ガク / まな(ぶ)	8	子
岳	3	ガク / たけ	8	山

漢字	級	読み	画数	部首
楽	9	ガク / ラク / たの(しい) / たの(しむ)	13	木
額	6	ガク / ひたい	18	頁
顎	2	ガク / あご	18	頁
掛	3	か(ける) / か(かる) / かかり	11	扌
潟	7	かた	15	氵
括	準2	カツ	9	扌
活	9	カツ	9	氵
喝	準2	カツ	11	口
渇	準2	カツ㊫ / かわ(く)	11	氵

漢字	級	読み	画数	部首
割	5	カツ㊥ わ(る) わり わ(れる) さ(く)㊥	12	刂
〔葛〕葛	2	カツ くず㊫	12	艹
滑	3	カツ コツ すべ(る) なめ(らか)	13	氵
褐	準2	カツ	13	衤
轄	準2	カツ	17	車
且	準2	か(つ)	5	一
株	5	かぶ	10	木
釜	2	かま	10	金

漢字	級	読み	画数	部首
鎌	2	かま	18	金
刈	4	か(る)	4	刂
干	5	カン ほ(す) ひ(る)㊥	3	干
刊	6	カン	5	刂
甘	4	カン あま(い) あま(える) あま(やかす)	5	甘
汗	4	カン あせ	6	氵
缶	準2	カン	6	缶
完	7	カン	7	宀
肝	3	カン きも	7	月(にくづき)

漢字	級	読み	画数	部首
官	7	カン	8	宀
冠	3	カン かんむり	9	冖
巻	5	カン ま(く) まき	9	㔾
看	5	カン	9	目
陥	準2	カン おちい(る) おとしい(れる)㊫	10	阝
乾	4	カン かわ(く) かわ(かす)	11	乙
勘	3	カン	11	力
患	準2	カン わずら(う)㊫	11	心
貫	3	カン つらぬ(く)	11	貝

常用漢字表
部首
参考資料
Q&A

漢字	寒	喚	堪	換	敢	棺	款	間	閑
級	8	3	準2	3	3	準2	準2	9	準2
読み	カン さむ(い)	カン	カン(高) た(える)	カン か(える) か(わる)	カン	カン	カン	カン ケン あいだ ま	カン
画数	12	12	12	12	12	12	12	12	12
部首	宀	口	土	扌	攵	木	欠	門	門

漢字	勧	寛	幹	感	漢	慣	管	関	歓
級	4	準2	6	8	8	6	7	7	4
読み	カン すす(める)	カン	カン みき	カン	カン	カン な(れる) な(らす)	カン くだ	カン せき かか(わる)	カン
画数	13	13	13	13	13	14	14	14	15
部首	力	宀	干	心	氵	忄	竹	門	欠

漢字	監	緩	憾	還	館	環	簡	観	韓
級	4	3	準2	準2	8	4	5	7	2
読み	カン	カン ゆる(い) ゆる(やか) ゆる(む) ゆる(める)	カン	カン	カン やかた	カン	カン	カン	カン
画数	15	15	16	16	16	17	18	18	18
部首	皿	糸	忄	辶	食	王	竹	見	韋

漢字	級	読み	画数	部首
艦	準2	カン	21	舟
鑑	4	カン かんが(みる)(高)	23	金
丸	9	ガン まる まる(い) まる(める)	3	丶
含	4	ガン ふく(む) ふく(める)	7	口
岸	8	ガン きし	8	山
岩	9	ガン いわ	8	山
玩	2	ガン	8	王
眼	6	ガン ゲン(高) まなこ(中)	11	目
頑	準2	ガン	13	頁

漢字	級	読み	画数	部首
顔	9	ガン かお	18	頁
願	7	ガン ねが(う)	19	頁
企	3	キ くわだ(てる)	6	人
伎	2	キ	6	亻
危	5	キ あぶ(ない) あや(うい)(中) あや(ぶむ)(中)	6	㔾
机	5	キ(中) つくえ	6	木
気	10	キ ケ	6	气
岐*	7	キ(中)	7	山
希	7	キ	7	巾

＊本書99ページ参照。

漢字	級	読み	画数	部首
忌	3	キ い(む)(高) い(まわしい)(高)	7	心
汽	9	キ	7	氵
奇	4	キ	8	大
祈	4	キ いの(る)	8	ネ
季	7	キ	8	子
紀	6	キ	9	糸
軌	3	キ	9	車
既	3	キ すで(に)	10	旡
記	9	キ しる(す)	10	言

漢字	起	飢	鬼	帰	基	寄	規	亀	喜
級	8	準2	4	9	6	6	6	2	6
読み	キ お(きる) お(こる) お(こす)	キ う(える)	キ おに	キ かえ(る) かえ(す)	キ もと㊥ もとい(高)	キ よ(る) よ(せる)	キ	キ かめ	キ よろこ(ぶ)
画数	10	10	10	10	11	11	11	11	12
部首	走	飠	鬼	巾	土	宀	見	亀	口

漢字	幾	揮	期	棋	貴	棄	毀	旗
級	4	5	8	3	5	3	2	7
読み	キ いく	キ	キ ゴ(高)	キ	キ たっと(い)㊥ とうと(い)㊥ たっと(ぶ)㊥ とうと(ぶ)㊥	キ	キ	キ はた
画数	12	12	12	12	12	13	13	14
部首	幺	扌	月(つき)	木	貝	木	殳	方

漢字	器	畿	輝	機	騎	技	宜	偽	欺
級	7	2	4	7	3	6	準2	準2	3
読み	キ うつわ㊥	キ	キ かがや(く)	キ はた㊥	キ	ギ わざ㊥	ギ	ギ いつわ(る) にせ(高)	ギ あざむ(く)
画数	15	15	15	16	18	7	8	11	12
部首	口	田	車	木	馬	扌	宀	亻	欠

漢字	級	読み	画数	部首
義	6	ギ	13	羊
疑	5	ギ、うたが(う)	14	疋
儀	4	ギ	15	亻
戯	4	ギ、たわむ(れる)(高)	15	戈
擬	準2	ギ	17	扌
犠	3	ギ	17	牛
議	7	ギ	20	言
菊	3	キク	11	艹
吉	3	キチ、キツ	6	口

漢字	級	読み	画数	部首
喫	3	キツ	12	口
詰	4	キツ(高)、つ(める)、つ(まる)、つ(む)	13	言
却	4	キャク	7	卩
客	8	キャク、カク㊥	9	宀
脚	4	キャク、キャ(高)、あし	11	月(にくづき)
逆	6	ギャク、さか、さか(らう)	9	辶
虐	3	ギャク、しいた(げる)(高)	9	虍
九	10	キュウ、ク、ここ、ここの(つ)	2	乙
久	6	キュウ、ク(高)、ひさ(しい)	3	ノ

漢字	級	読み	画数	部首
及	4	キュウ、およ(ぶ)、およ(び)、およ(ぼす)	3	又
弓	9	キュウ㊥、ゆみ	3	弓
丘	4	キュウ、おか	5	一
旧	6	キュウ	5	日
休	10	キュウ、やす(む)、やす(まる)、やす(める)	6	亻
吸	5	キュウ、す(う)	6	口
朽	4	キュウ、く(ちる)	6	木
臼	2	キュウ、うす	6	臼
求	7	キュウ、もと(める)	7	水

漢字	級	読み	画数	部首
究	8	キュウ きわ(める)(中)	7	穴
泣	7	キュウ(中) な(く)	8	氵
急	8	キュウ いそ(ぐ)	9	心
級	8	キュウ	9	糸
糾	準2	キュウ	9	糸
宮	8	キュウ グウ(中) ク(高) みや	10	宀
救	6	キュウ すく(う)	11	攵
球	8	キュウ たま	11	王
給	7	キュウ	12	糸

漢字	級	読み	画数	部首
嗅〔嗅〕	2	キュウ か(ぐ)	13	口
窮	準2	キュウ きわ(める)(高) きわ(まる)(高)	15	穴
牛	9	ギュウ うし	4	牛
去	8	キョ コ さ(る)	5	ム
巨	4	キョ	5	工
居	6	キョ い(る)	8	尸
拒	準2	キョ こば(む)	8	扌
拠	4	キョ コ	8	扌

漢字	級	読み	画数	部首
挙	7	キョ あ(げる) あ(がる)	10	手
虚	3	キョ コ(高)	11	虍
許	6	キョ ゆる(す)	11	言
距	4	キョ	12	⻊
魚	9	ギョ うお さかな	11	魚
御	4	ギョ ゴ おん	12	彳
漁	7	ギョ リョウ	14	氵
凶	4	キョウ	4	凵
共	7	キョウ とも	6	八

漢字	級	読み	画数	部首
叫	4	キョウ さけ（ぶ）	6	口
狂	4	キョウ くる（う） くる（おしい）	7	犭
京	9	キョウ ケイ(中)	8	亠
享	準2	キョウ	8	亠
供	5	キョウ ク(高) そな（える） とも	8	亻
協	7	キョウ	8	十
況	4	キョウ	8	氵
峡	3	キョウ	9	山
挟	準2	キョウ(高) はさ（む） はさ（まる）	9	扌

漢字	級	読み	画数	部首
狭	4	キョウ(高) せま（い） せば（める） せば（まる）	9	犭
恐	4	キョウ おそ（れる） おそ（ろしい）	10	心
恭	準2	キョウ うやうや（しい）(高)	10	小
胸	5	キョウ むね むな(中)	10	月（にくづき）
脅	3	キョウ おびや（かす）(高) おど（す） おど（かす）	10	肉
強	9	キョウ ゴウ(中) つよ（い） つよ（まる） つよ（める） し（いる）(中)	11	弓
教	9	キョウ おし（える） おそ（わる）	11	攵
郷	5	キョウ ゴウ(中)	11	阝

漢字	級	読み	画数	部首
境	6	キョウ ケイ(中) さかい	14	土
橋	8	キョウ はし	16	木
矯	準2	キョウ た（める）(高)	17	矢
鏡	7	キョウ かがみ	19	金
競	7	キョウ ケイ きそ（う）(中) せ（る）(高)	20	立
響	4	キョウ ひび（く）	20	音
驚	4	キョウ おどろ（く） おどろ（かす）	22	馬
仰	4	ギョウ コウ あお（ぐ） おお（せ）(高)	6	亻
暁	準2	ギョウ(高) あかつき	12	日

漢字	業	凝	曲	局	極	玉	巾	斤
級	8	3	8	8	7	10	2	3
読み	ギョウ ゴウ(高) わざ(中)	ギョウ こ(る) こ(らす)	キョク ま(がる) ま(げる)	キョク	キョク ゴク(中) きわ(める)(中) きわ(まる)(中) きわ(み)(中)	ギョク たま	キン	キン
画数	13	16	6	7	12	5	3	4
部首	木	冫	曰	尸	木	玉	巾	斤

漢字	均	近	金	菌	勤	琴	筋	〔僅〕僅
級	6	9	10	準2	5	準2	5	2
読み	キン	キン ちか(い)	キン コン かね かな	キン	キン ゴン(高) つと(める) つと(まる)	キン こと	キン すじ	キン わず(か)
画数	7	7	8	11	12	12	12	13
部首	土	辶	金	艹	力	王	竹	亻

漢字	禁	緊	錦	謹	襟	吟	銀	区	句
級	6	3	2	準2	準2	準2	8	8	6
読み	キン	キン	キン にしき	キン つつし(む)	キン(高) えり	ギン	ギン	ク	ク
画数	13	15	16	17	18	7	14	4	5
部首	示	糸	金	言	衤	口	金	匚	口

漢字	苦	駆	具	〔惧〕惧	愚	空	偶
級	8	4	8	2	3	10	3
読み	ク くる(しい) くる(しむ) くる(しめる) にが(い) にが(る)	ク か(ける) か(る)	グ	グ	グ おろ(か)	クウ そら あ(く) あ(ける) から	グウ
画数	8	14	8	11	13	8	11
部首	艹	馬	八	忄	心	穴	亻

漢字	遇	隅	串	屈	掘	窟	熊	繰	君
級	3	準2	2	4	4	2	7	4	8
読み	グウ	グウ すみ	くし	クツ	クツ ほ(る)	クツ	くま	く(る)	クン きみ
画数	12	12	7	8	11	13	14	19	7
部首	辶	阝	丨	尸	扌	穴	灬	糸	口

漢字	訓	勲	薫	軍	郡	群	兄	刑	形
級	7	準2	準2	7	7	7	9	3	9
読み	クン	クン	クン(高) かお(る)	グン	グン	グン む(れる) む(れ) むら	ケイ㊥ キョウ あに	ケイ	ケイ ギョウ かた かたち
画数	10	15	16	9	10	13	5	6	7
部首	言	力	艹	車	阝	羊	儿	刂	彡

常用漢字表
部首
参考資料
Q&A

漢字	系	径	茎	係	型	契	計	恵	啓
級	5	7	準2	8	6	3	9	4	3
読み	ケイ	ケイ	ケイ くき	ケイ かか(る) かかり	ケイ かた	ケイ ちぎ(る)(高)	ケイ はか(る) はか(らう)	ケイ エ めぐ(む)	ケイ
画数	7	8	8	9	9	9	9	10	11
部首	糸	彳	艹	亻	土	大	言	心	口

漢字	掲	渓	経	蛍	敬	景	軽	傾	携
級	3	準2	6	準2	5	7	8	4	3
読み	ケイ かか(げる)	ケイ	ケイ キョウ(中) へ(る)	ケイ ほたる	ケイ うやま(う)	ケイ	ケイ かる(い) かろ(やか)(中)	ケイ かたむ(く) かたむ(ける)	ケイ たずさ(える) たずさ(わる)
画数	11	11	11	11	12	12	12	13	13
部首	扌	氵	糸	虫	攵	日	車	亻	扌

漢字	継	詣	慶	憬	〔稽〕稽	憩	警	鶏
級	4	2	準2	2	2	3	5	3
読み	ケイ つ(ぐ)	ケイ(高) もう(でる)	ケイ	ケイ	ケイ	ケイ いこ(い) いこ(う)(高)	ケイ	ケイ にわとり
画数	13	13	15	15	15	16	19	19
部首	糸	言	心	忄	禾	心	言	鳥

漢字	級	読み	画数	部首
芸	7	ゲイ	7	艹
迎	4	ゲイ むか(える)	7	辶
鯨	3	ゲイ くじら	19	魚
隙	2	ゲキ〈高〉 すき	13	阝
劇	5	ゲキ	15	刂
撃	4	ゲキ う(つ)	15	手
激	5	ゲキ はげ(しい)	16	氵
桁	2	けた	10	木
欠	7	ケツ か(ける) か(く)	4	欠

漢字	級	読み	画数	部首
穴	5	ケツ〈中〉 あな	5	穴
血	8	ケツ ち	6	血
決	8	ケツ き(める) き(まる)	7	氵
結	7	ケツ むす(ぶ) ゆ(う)〈中〉 ゆ(わえる)〈中〉	12	糸
傑	準2	ケツ	13	亻
潔	6	ケツ いさぎよ(い)〈高〉	15	氵
月	10	ゲツ ガツ つき	4	月(つき)
犬	10	ケン いぬ	4	犬
件	6	ケン	6	亻

漢字	級	読み	画数	部首
見	10	ケン み(る) み(える) み(せる)	7	見
券	5	ケン	8	刀
肩	4	ケン〈高〉 かた	8	肉
建	7	ケン コン〈高〉 た(てる) た(つ)	9	廴
研	8	ケン と(ぐ)〈中〉	9	石
県	8	ケン	9	目
倹	3	ケン	10	亻
兼	4	ケン か(ねる)	10	八
剣	4	ケン つるぎ	10	刂

漢字	級	読み	画数	部首
拳	2	ケン こぶし	10	手
軒	4	ケン のき	10	車
健	7	ケン すこ(やか)㊥	11	亻
険	6	ケン けわ(しい)	11	阝
圏	4	ケン	12	囗
堅	4	ケン かた(い)	12	土
検	6	ケン	12	木
嫌	準2	ケン ゲン きら(う) いや	13	女
献	準2	ケン コン	13	犬

漢字	級	読み	画数	部首
絹	5	ケン きぬ㊫	13	糸
遣	4	ケン つか(う) つか(わす)	13	辶
権	5	ケン ゴン㊫	15	木
憲	5	ケン	16	心
賢	3	ケン かしこ(い)	16	貝
謙	準2	ケン	17	言
鍵	2	ケン かぎ	17	金
繭	準2	ケン㊫ まゆ	18	糸
顕	準2	ケン	18	頁

漢字	級	読み	画数	部首
験	7	ケン ゲン㊫	18	馬
懸	準2	ケン ケ㊫ か(ける) か(かる)	20	心
元	9	ゲン ガン もと	4	儿
幻	3	ゲン まぼろし	4	幺
玄	4	ゲン	5	玄
言	9	ゲン ゴン い(う) こと	7	言
弦	準2	ゲン つる㊫	8	弓
限	6	ゲン かぎ(る)	9	阝
原	9	ゲン はら	10	厂

漢字	級	読み	画数	部首
現	6	ゲン あらわ(れる) あらわ(す)	11	王
舷	2	ゲン	11	舟
減	6	ゲン へ(る) へ(らす)	12	氵
源	5	ゲン みなもと	13	氵
厳	5	ゲン ゴン〈高〉 おごそ(か)〈中〉 きび(しい)	17	⺍
己	5	コ キ〈中〉 おのれ〈中〉	3	己
戸	9	コ と	4	戸
古	9	コ ふる(い) ふる(す)	5	口
呼	5	コ よ(ぶ)	8	口
固	7	コ かた(める) かた(まる) かた(い)	8	囗
股	2	コ また	8	月（にくづき）
虎	2	コ とら	8	虍
弧	3	コ	9	弓
孤	3	コ	9	子
故	6	コ ゆえ〈中〉	9	攵
枯	4	コ か(れる) か(らす)	9	木
個	6	コ	10	亻
庫	8	コ ク〈高〉	10	广
湖	8	コ みずうみ	12	氵
雇	3	コ やと(う)	12	隹
誇	4	コ ほこ(る)	13	言
鼓	4	コ つづみ〈高〉	13	鼓
錮	2	コ	16	金
顧	3	コ かえり(みる)	21	頁
五	10	ゴ いつ いつ(つ)	4	二
互	4	ゴ たが(い)	4	二
午	9	ゴ	4	十

漢字	級	読み	画数	部首
呉	準2	ゴ	7	口
後	9	ゴ、コウ、のち、うし(ろ)、あと、おく(れる)㊥	9	彳
娯	3	ゴ	10	女
悟	3	ゴ、さと(る)	10	忄
碁	準2	ゴ	13	石
語	9	ゴ、かた(る)、かた(らう)	14	言
誤	5	ゴ、あやま(る)	14	言
護	6	ゴ	20	言

漢字	級	読み	画数	部首
口	10	コウ、ク、くち	3	口
工	9	コウ、ク	3	工
公	9	コウ、おおやけ㊥	4	八
勾	2	コウ	4	勹
孔	3	コウ	4	子
功	7	コウ、ク(高)	5	力
巧	3	コウ、たく(み)	5	工
広	9	コウ、ひろ(い)、ひろ(まる)、ひろ(める)、ひろ(がる)、ひろ(げる)	5	广

漢字	級	読み	画数	部首
甲	3	コウ、カン	5	田
交	9	コウ、まじ(わる)、まじ(える)、ま(じる)、ま(ざる)、ま(ぜる)、か(う)㊥、か(わす)㊥	6	亠
光	9	コウ、ひか(る)、ひかり	6	儿
向	8	コウ、む(く)、む(ける)、む(かう)、む(こう)	6	口
后	5	コウ	6	口
好	7	コウ、この(む)、す(く)	6	女
江	準2	コウ、え	6	氵
考	9	コウ、かんが(える)	6	耂

漢字	行	坑	孝	抗	攻	更	効	幸
級	9	3	5	4	4	4	6	8
読み	コウ ギョウ アン㊕ い(く) ゆ(く) おこな(う)	コウ	コウ	コウ	コウ せ(める)	コウ さら ふ(ける)㊕ ふ(かす)㊕	コウ き(く)	コウ さいわ(い) さち㊥ しあわ(せ)
画数	6	7	7	7	7	7	8	8
部首	行	土	子	扌	攵	日	力	干

漢字	拘	肯	侯	厚	恒	洪	皇	紅	荒
級	3	準2	準2	6	4	準2	5	5	4
読み	コウ	コウ	コウ	コウ㊥ あつ(い)	コウ	コウ	コウ オウ	コウ ク㊥ べに くれない㊥	コウ あら(い) あ(れる) あ(らす)
画数	8	8	9	9	9	9	9	9	9
部首	扌	肉	亻	厂	忄	氵	白	糸	艹

漢字	郊	香	候	校	耕	航	貢	降	高
級	3	7	7	10	6	6	準2	5	9
読み	コウ	コウ㊥ キョウ㊕ か かお(り) かお(る)	コウ そうろう㊕	コウ	コウ たがや(す)	コウ	コウ ク㊕ みつ(ぐ)㊕	コウ お(りる) お(ろす) ふ(る)	コウ たか(い) たか たか(まる) たか(める)
画数	9	9	10	10	10	10	10	10	10
部首	阝	香	亻	木	耒	舟	貝	阝	高

漢字	級	読み	画数	部首
康	7	コウ	11	广
控	3	コウ(高) ひか(える)	11	扌
梗	2	コウ	11	木
黄	9	コウ(中) オウ き こ(中)	11	黄
喉	2	コウ のど	12	口
慌	3	コウ(高) あわ(てる) あわ(ただしい)	12	忄
港	8	コウ みなと	12	氵
硬	3	コウ かた(い)	12	石
絞	3	コウ(高) しぼ(る) し(める) し(まる)	12	糸

漢字	級	読み	画数	部首
項	4	コウ	12	頁
溝	準2	コウ みぞ	13	氵
鉱	6	コウ	13	金
構	6	コウ かま(える) かま(う)	14	木
綱	3	コウ つな	14	糸
酵	3	コウ	14	酉
稿	4	コウ	15	禾
興	6	コウ キョウ おこ(る)(高) おこ(す)(高)	16	臼
衡	準2	コウ	16	行

漢字	級	読み	画数	部首
鋼	5	コウ はがね(中)	16	金
講	6	コウ	17	言
購	準2	コウ	17	貝
乞	2	こ(う)	3	乙
号	8	ゴウ	5	口
合	9	ゴウ ガッ カッ あ(う) あ(わす) あ(わせる)	6	口
拷	準2	ゴウ	9	扌
剛	準2	ゴウ	10	刂

漢字	級	読み	画数	部首
傲	2	ゴウ	13	亻
豪	4	ゴウ	14	豕
克	3	コク	7	儿
告	6	コク つ（げる）	7	口
谷	9	コク㊥ たに	7	谷
刻	5	コク きざ（む）	8	刂
国	9	コク くに	8	囗
黒	9	コク くろ くろ（い）	11	黒
穀	5	コク	14	禾

漢字	級	読み	画数	部首
酷	準2	コク	14	酉
獄	3	ゴク	14	犭
骨	5	コツ ほね	10	骨
駒	2	こま	15	馬
込	4	こ（む） こ（める）	5	辶
頃	2	ころ	11	頁
今	9	コン キン㊥ いま	4	人
困	5	コン こま（る）	7	囗
昆	準2	コン	8	日

漢字	級	読み	画数	部首
恨	3	コン うら（む） うら（めしい）	9	忄
根	8	コン ね	10	木
婚	4	コン	11	女
混	6	コン ま（じる） ま（ざる） ま（ぜる） こ（む）	11	氵
痕	2	コン あと	11	疒
紺	3	コン	11	糸
魂	3	コン たましい	14	鬼
墾	3	コン	16	土
懇	準2	コン ねんご（ろ）㊢	17	心

漢字	級	読み	画数	部首
左	10	サ、ひだり	5	工
佐	7	サ	7	亻
沙	2	サ	7	氵
査	6	サ	9	木
砂	5	サ、シャ㊥、すな	9	石
唆	準2	サ、そそのか(す)㊫	10	口
差	7	サ、さ(す)	10	工
詐	準2	サ	12	言
鎖	4	サ、くさり	18	釒

漢字	級	読み	画数	部首
座	5	ザ、すわ(る)㊥	10	广
挫	2	ザ	10	扌
才	9	サイ	3	手
再	6	サイ、サ、ふたた(び)	6	冂
災	6	サイ、わざわ(い)㊥	7	火
妻	6	サイ、つま	8	女
采	2	サイ	8	釆
砕	準2	サイ、くだ(く)、くだ(ける)	9	石
宰	準2	サイ	10	宀

漢字	級	読み	画数	部首
栽	準2	サイ	10	木
彩	4	サイ、いろど(る)㊫	11	彡
採	6	サイ、と(る)	11	扌
済	5	サイ、す(む)、す(ます)	11	氵
祭	8	サイ、まつ(る)、まつ(り)	11	示
斎	準2	サイ	11	斉
細	9	サイ、ほそ(い)、ほそ(る)、こま(か)、こま(かい)	11	糸
菜	7	サイ、な	11	艹
最	7	サイ、もっと(も)	12	日

漢字	裁	債	催	塞	歳	載	際	埼	在
級	5	3	3	2	4	4	6	7	6
読み	サイ た(つ)【中】 さば(く)	サイ	サイ もよお(す)	サイ ソク ふさ(ぐ) ふさ(がる)	サイ セイ	サイ の(せる) の(る)	サイ きわ【高】	さい	ザイ あ(る)
画数	12	13	13	13	13	13	14	11	6
部首	衣	亻	亻	土	止	車	阝	土	土

漢字	材	剤	財	罪	崎	作	削	昨	柵
級	7	4	6	6	7	9	3	7	2
読み	ザイ	ザイ	ザイ サイ【中】	ザイ つみ	さき	サク サ つく(る)	サク けず(る)	サク	サク
画数	7	10	10	13	11	7	9	9	9
部首	木	刂	貝	罒	山	亻	刂	日	木

漢字	索	策	酢	搾	錯	咲	冊	札	刷
級	準2	5	準2	3	3	4	5	7	7
読み	サク	サク	サク す	サク【高】 しぼ(る)	サク	さ(く)	サツ サク【高】	サツ ふだ	サツ す(る)
画数	10	12	12	13	16	9	5	5	8
部首	糸	⺮	酉	扌	金	口	冂	木	刂

漢字	級	読み	画数	部首
刹	2	サツ（高）、セツ	8	刂
拶	2	サツ	9	扌
殺	6	サツ、サイ（高）、セツ（高）、ころ（す）	10	殳
察	7	サツ	14	宀
撮	3	サツ、と（る）	15	扌
擦	3	サツ、す（る）、す（れる）	17	扌
雑	6	ザツ、ゾウ	14	隹
皿	8	さら	5	皿
三	10	サン、み、み（つ）、みっ（つ）	3	一
山	10	サン、やま	3	山
参	7	サン、まい（る）	8	厶
桟	準2	サン	10	木
蚕	5	サン、かいこ	10	虫
惨	4	サン、ザン（高）、みじ（め）（高）	11	忄
産	7	サン、う（む）、う（まれる）、うぶ（高）	11	生
傘	準2	サン（高）、かさ	12	人
散	7	サン、ち（る）、ち（らす）、ち（らかす）、ち（らかる）	12	攵
算	9	サン	14	⺮
酸	6	サン、す（い）（高）	14	酉
賛	6	サン	15	貝
残	7	ザン、のこ（る）、のこ（す）	10	歹
斬	2	ザン、き（る）	11	斤
暫	3	ザン	15	日
士	6	シ	3	士
子	10	シ、ス、こ	3	子
支	6	シ、ささ（える）	4	支
止	9	シ、と（まる）、と（める）	4	止

漢字	級	読み	画数	部首
氏	7	シ うじ㊥	4	氏
仕	8	シ ジ㊫ つか(える)	5	亻
史	6	シ	5	口
司	7	シ	5	口
四	10	シ よ よ(つ) よっ(つ) よん	5	囗
市	9	シ いち	5	巾
矢	9	シ㊫ や	5	矢
旨	4	シ むね㊫	6	日
死	8	シ し(ぬ)	6	歹

漢字	級	読み	画数	部首
糸	10	シ いと	6	糸
至	5	シ いた(る)	6	至
伺	4	シ㊫ うかが(う)	7	亻
志	6	シ こころざ(す) こころざし	7	心
私	5	シ わたくし わたし	7	禾
使	8	シ つか(う)	8	亻
刺	4	シ さ(す) さ(さる)	8	刂
始	8	シ はじ(める) はじ(まる)	8	女
姉	9	シ㊥ あね	8	女

漢字	級	読み	画数	部首
枝	6	シ㊫ えだ	8	木
祉	3	シ	8	ネ
肢	準2	シ	8	月(にくづき)
姿	5	シ すがた	9	女
思	9	シ おも(う)	9	心
指	8	シ ゆび さ(す)	9	扌
施	3	シ セ㊫ ほどこ(す)	9	方
師	6	シ	10	巾
恣	2	シ	10	心

常用漢字表
部首
参考資料
Q&A

漢字	級	読み	画数	部首
紙	9	シ かみ	10	糸
脂	4	シ あぶら	10	月（にくづき）
視	5	シ	11	見
紫	4	シ むらさき	12	糸
詞	5	シ	12	言
歯	8	シ は	12	歯
嗣	準2	シ	13	口
試	7	シ こころ(みる) ため(す)㊥	13	言
詩	8	シ	13	言

漢字	級	読み	画数	部首
資	6	シ	13	貝
飼	6	シ か(う)	13	飠
誌	5	シ	14	言
雌	4	シ め めす	14	隹
摯	2	シ	15	手
賜	準2	シ㊫ たまわ(る)	15	貝
諮	3	シ はか(る)	16	言
示	6	ジ シ㊥ しめ(す)	5	示
字	10	ジ あざ㊥	6	子

漢字	級	読み	画数	部首
寺	9	ジ てら	6	寸
次	8	ジ シ㊥ つ(ぐ) つぎ	6	欠
耳	10	ジ㊥ みみ	6	耳
自	9	ジ シ みずか(ら)	6	自
似	6	ジ㊥ に(る)	7	亻
児	7	ジ ニ㊥	7	儿
事	8	ジ ズ㊫ こと	8	亅
侍	3	ジ さむらい	8	亻
治	7	ジ チ おさ(める) おさ(まる) なお(る) なお(す)	8	氵

漢字	級	読み	画数	部首
持	8	ジ　も(つ)	9	扌
時	9	ジ　とき	10	日
滋*	7	ジ㊥	12	氵
慈	3	ジ　いつく(しむ)㊫	13	心
辞	7	ジ　や(める)㊥	13	辛
磁	5	ジ	14	石
〔餌〕餌	2	ジ㊫　えさ　え	15	飠
璽	準2	ジ	19	玉

＊本書99ページ参照。

漢字	級	読み	画数	部首
鹿	7	しか　か	11	鹿
式	8	シキ	6	弋
識	6	シキ	19	言
軸	3	ジク	12	車
七	10	シチ　なな　なな(つ)　なの	2	一
叱	2	シツ　しか(る)	5	口
失	7	シツ　うしな(う)	5	大
室	9	シツ　むろ㊥	9	宀
疾	3	シツ	10	疒

漢字	級	読み	画数	部首
執	4	シツ　シュウ　と(る)	11	土
湿	3	シツ　しめ(る)　しめ(す)	12	氵
嫉	2	シツ	13	女
漆	準2	シツ　うるし	14	氵
質	6	シツ　シチ㊥　チ㊫	15	貝
実	8	ジツ　み　みの(る)	8	宀
芝	4	しば	6	艹
写	8	シャ　うつ(す)　うつ(る)	5	冖
社	9	シャ　やしろ	7	ネ

漢字	車	舎	者	射	捨	赦	斜	煮	遮
級	10	6	8	5	5	3	4	4	準2
読み	シャ くるま	シャ	シャ もの	シャ い(る)	シャ す(てる)	シャ	シャ なな(め)	シャ【高】 に(る) に(える) に(やす)	シャ さえぎ(る)
画数	7	8	8	10	11	11	11	12	14
部首	車	舌	耂	寸	扌	赤	斗	灬	辶

漢字	謝	邪	蛇	尺	借	酌	釈	爵	若
級	6	3	準2	5	7	準2	4	準2	5
読み	シャ あやま(る)【中】	ジャ	ジャ ダ へび	シャク	シャク か(りる)	シャク く(む)【高】	シャク	シャク	ジャク【中】 ニャク【高】 わか(い) も(しくは)【高】
画数	17	8	11	4	10	10	11	17	8
部首	言	阝	虫	尸	亻	酉	釆	爫	艹

漢字	弱	寂	手	主	守	朱	取	狩	首
級	9	4	10	8	8	4	8	4	9
読み	ジャク よわ(い) よわ(る) よわ(まる) よわ(める)	ジャク セキ【高】 さび さび(しい) さび(れる)	シュ て た【中】	シュ ス【高】 ぬし おも	シュ ス まも(る) も(り)【中】	シュ	シュ と(る)	シュ か(る) か(り)	シュ くび
画数	10	11	4	5	6	6	8	9	9
部首	弓	宀	手	丶	宀	木	又	犭	首

漢字	級	読み	画数	部首
殊	3	シュ こと	10	歹
珠	準2	シュ	10	王
酒	8	シュ さけ さか	10	酉
腫	2	シュ は(れる) は(らす)	13	月(にくづき)
種	7	シュ たね	14	禾
趣	4	シュ おもむき	15	走
寿	3	ジュ ことぶき	7	寸
受	8	ジュ う(ける) う(かる)	8	又
呪	2	ジュ のろ(う)	8	口

漢字	級	読み	画数	部首
授	6	ジュ さず(ける)㊥ さず(かる)㊥	11	扌
需	4	ジュ	14	⻗
儒	準2	ジュ	16	亻
樹	5	ジュ	16	木
収	5	シュウ おさ(める) おさ(まる)	4	又
囚	準2	シュウ	5	囗
州	8	シュウ す㊥	6	川
舟	4	シュウ ふね ふな	6	舟
秀	4	シュウ ひい(でる)(高)	7	禾

漢字	級	読み	画数	部首
周	7	シュウ まわ(り)	8	口
宗	5	シュウ ソウ㊥	8	宀
拾	8	シュウ㊥ ジュウ㊥ ひろ(う)	9	扌
秋	9	シュウ あき	9	禾
臭	準2	シュウ くさ(い) にお(う)	9	自
修	6	シュウ シュ㊥ おさ(める) おさ(まる)	10	亻
袖	2	シュウ(高) そで	10	衤
終	8	シュウ お(わる) お(える)	11	糸
羞	2	シュウ	11	羊

漢字	習	週	就	衆	集	愁	酬	醜	蹴
級	8	9	5	5	8	準2	準2	準2	2
読み	シュウ なら(う)	シュウ	シュウ ジュ㊢ つ(く)㊥ つ(ける)㊥	シュウ シュ㊢	シュウ あつ(まる) あつ(める) つど(う)㊥	シュウ うれ(える)㊢ うれ(い)㊢	シュウ	シュウ みにく(い)	シュウ け(る)
画数	11	11	12	12	12	13	13	17	19
部首	羽	辶	尢	血	隹	心	酉	酉	⻊

漢字	襲	十	汁	充	住	柔	重	従
級	4	10	準2	準2	8	4	8	5
読み	シュウ おそ(う)	ジュウ ジッ とお と	ジュウ しる	ジュウ あ(てる)㊢	ジュウ す(む) す(まう)	ジュウ ニュウ やわ(らか) やわ(らかい)	ジュウ チョウ え おも(い) かさ(ねる) かさ(なる)	ジュウ ショウ㊢ ジュ㊢ したが(う) したが(える)
画数	22	2	5	6	7	9	9	10
部首	衣	十	氵	儿	亻	木	里	彳

漢字	渋	銃	獣	縦	叔	祝	宿	淑	粛
級	準2	準2	4	5	準2	7	8	準2	準2
読み	ジュウ しぶ しぶ(い) しぶ(る)	ジュウ	ジュウ けもの	ジュウ たて	シュク	シュク シュウ㊢ いわ(う)	シュク やど やど(る) やど(す)	シュク	シュク
画数	11	14	16	16	8	9	11	11	11
部首	氵	釒	犬	糸	又	礻	宀	氵	聿

漢字	級	読み	画数	部首
縮	5	シュク ちぢ(む) ちぢ(まる) ちぢ(める) ちぢ(れる) ちぢ(らす)	17	糸
塾	準2	ジュク	14	土
熟	5	ジュク う(れる)㊥	15	灬
出	10	シュツ スイ㊥ で(る) だ(す)	5	凵
述	6	ジュツ の(べる)	8	辶
術	6	ジュツ	11	行
俊	準2	シュン	9	亻
春	9	シュン はる	9	日
瞬	4	シュン またた(く)㊫	18	目

漢字	級	読み	画数	部首
旬	4	ジュン シュン	6	日
巡	4	ジュン めぐ(る)	6	巛
盾	4	ジュン たて	9	目
准	準2	ジュン	10	冫
殉	準2	ジュン	10	歹
純	5	ジュン	10	糸
循	準2	ジュン	12	彳
順	7	ジュン	12	頁
準	6	ジュン	13	氵

漢字	級	読み	画数	部首
潤	3	ジュン うるお(う) うるお(す) うる(む)	15	氵
遵	3	ジュン	15	辶
処	5	ショ	5	几
初	7	ショ はじ(め) はじ(めて) はつ うい㊫ そ(める)㊥	7	刀
所	8	ショ ところ	8	戸
書	9	ショ か(く)	10	曰
庶	準2	ショ	11	广
暑	8	ショ あつ(い)	12	日
署	5	ショ	13	罒

常用漢字表
部首
参考資料
Q&A

漢字	級	読み	画数	部首
緒	準2	ショ チョ お	14	糸
諸	5	ショ	15	言
女	10	ジョ ニョ㊥ ニョウ(高) おんな め㊥	3	女
如	3	ジョ ニョ(高)	6	女
助	8	ジョ たす(ける) たす(かる) すけ㊥	7	力
序	6	ジョ	7	广
叙	準2	ジョ	9	又
徐	3	ジョ	10	彳
除	5	ジョ ジ㊥ のぞ(く)	10	阝

漢字	級	読み	画数	部首
小	10	ショウ ちい(さい) こ お	3	小
升	準2	ショウ ます	4	十
少	9	ショウ すく(ない) すこ(し)	4	小
召	4	ショウ め(す)	5	口
匠	3	ショウ	6	匚
床	4	ショウ とこ ゆか	7	广
抄	準2	ショウ	7	扌
肖	準2	ショウ	7	肉
尚	準2	ショウ	8	⺌

漢字	級	読み	画数	部首
招	6	ショウ まね(く)	8	扌
承	5	ショウ うけたまわ(る)㊥	8	手
昇	3	ショウ のぼ(る)	8	日
松	7	ショウ まつ	8	木
沼	4	ショウ(高) ぬま	8	氵
昭	8	ショウ	9	日
宵	準2	ショウ(高) よい	10	宀
将	5	ショウ	10	寸
消	8	ショウ き(える) け(す)	10	氵

漢字	級	読み	画数	部首
症	準2	ショウ	10	疒
祥	準2	ショウ	10	ネ
称	4	ショウ	10	禾
笑	7	ショウ(中) わら(う) え(む)(中)	10	⺮
唱	7	ショウ とな(える)	11	口
商	8	ショウ あきな(う)(中)	11	口
渉	準2	ショウ	11	氵
章	8	ショウ	11	立
紹	4	ショウ	11	糸
訟	準2	ショウ	11	言
勝	8	ショウ か(つ) まさ(る)(中)	12	力
掌	3	ショウ	12	手
晶	3	ショウ	12	日
焼	7	ショウ(中) や(く) や(ける)	12	火
焦	3	ショウ こ(げる) こ(がす) こ(がれる) あせ(る)(高)	12	灬
硝	準2	ショウ	12	石
粧	準2	ショウ	12	米
詔	準2	ショウ みことのり(高)	12	言
証	6	ショウ	12	言
象	6	ショウ ゾウ	12	豕
傷	5	ショウ きず いた(む)(中) いた(める)(中)	13	亻
奨	準2	ショウ	13	大
照	7	ショウ て(る) て(らす) て(れる)	13	灬
詳	4	ショウ くわ(しい)	13	言
彰	準2	ショウ	14	彡
障	5	ショウ さわ(る)(高)	14	阝
憧	2	ショウ あこが(れる)	15	忄

漢字	級	読み	画数	部首
衝	3	ショウ	15	行
賞	6	ショウ	15	貝
償	準2	ショウ つぐな(う)	17	亻
礁	準2	ショウ	17	石
鐘	3	ショウ かね	20	金
上	10	ジョウ ショウ㊢ うえ うわ かみ あ(げる) あ(がる) のぼ(る) のぼ(せる)㊥ のぼ(す)㊥	3	一
丈	4	ジョウ たけ	3	一
冗	3	ジョウ	4	冖
条	6	ジョウ	7	木
状	6	ジョウ	7	犬
乗	8	ジョウ の(る) の(せる)	9	ノ
城	7	ジョウ しろ	9	土
浄	準2	ジョウ	9	氵
剰	準2	ジョウ	11	刂
常	6	ジョウ つね とこ㊢	11	巾
情	6	ジョウ セイ㊢ なさ(け)	11	忄
場	9	ジョウ ば	12	土
畳	4	ジョウ たた(む) たたみ	12	田
蒸	5	ジョウ む(す)㊥ む(れる)㊥ む(らす)㊥	13	艹
縄	7	ジョウ㊥ なわ	15	糸
壌	準2	ジョウ	16	土
嬢	3	ジョウ	16	女
錠	3	ジョウ	16	金
譲	3	ジョウ ゆず(る)	20	言
醸	準2	ジョウ かも(す)㊢	20	酉

漢字	色	拭	食	植	殖	飾	触	嘱	織
級	9	2	9	8	4	4	4	3	6
読み	ショク シキ いろ	ショク(高) ふ(く) ぬぐ(う)	ショク ジキ(高) く(う) く(らう)(高) た(べる)	ショク う(える) う(わる)	ショク ふ(える) ふ(やす)	ショク かざ(る)	ショク ふ(れる) さわ(る)	ショク	ショク(高) シキ お(る)
画数	6	9	9	12	12	13	13	15	18
部首	色	扌	食	木	歹	飠	角	口	糸

漢字	職	辱	尻	心	申	伸	臣	芯	身
級	6	3	2	9	8	3	7	2	8
読み	ショク	ジョク はずかし(める)(高)	しり	シン こころ	シン(中) もう(す)	シン の(びる) の(ばす) の(べる)	シン ジン	シン	シン み
画数	18	10	5	4	5	7	7	7	7
部首	耳	辰	尸	心	田	亻	臣	艹	身

漢字	辛	侵	信	津	神	唇	娠	振	浸
級	3	4	7	準2	8	準2	準2	4	4
読み	シン から(い)	シン おか(す)	シン	シン(高) つ	シン ジン かみ かん(中) こう(高)	シン(高) くちびる	シン	シン ふ(る) ふ(るう) ふ(れる)	シン ひた(す) ひた(る)
画数	7	9	9	9	9	10	10	10	10
部首	辛	亻	亻	氵	ネ	口	女	扌	氵

漢字	級	読み	画数	部首
真	8	シン／ま	10	目
針	5	シン／はり	10	金
深	8	シン／ふか(い)／ふか(まる)／ふか(める)	11	氵
紳	準2	シン	11	糸
進	8	シン／すす(む)／すす(める)	11	辶
森	10	シン／もり	12	木
診	準2	シン／み(る)	12	言
寝	4	シン／ね(る)／ね(かす)	13	宀
慎	4	シン／つつし(む)	13	忄

漢字	級	読み	画数	部首
新	9	シン／あたら(しい)／あら(た)／にい	13	斤
審	3	シン	15	宀
震	4	シン／ふる(う)／ふる(える)	15	雨
薪	4	シン／たきぎ	16	艹
親	9	シン／おや／した(しい)／した(しむ)	16	見
人	10	ジン／ニン／ひと	2	人
刃	準2	ジン(高)／は	3	刀
仁	5	ジン／ニ㊥	4	亻
尽	4	ジン／つ(くす)／つ(きる)／つ(かす)	6	尸

漢字	級	読み	画数	部首
迅	準2	ジン	6	辶
甚	準2	ジン(高)／はなは(だ)／はなは(だしい)	9	甘
陣	4	ジン	10	阝
尋	4	ジン／たず(ねる)	12	寸
腎	2	ジン	13	肉
須	2	ス	12	頁
図	9	ズ／ト／はか(る)㊥	7	囗
水	10	スイ／みず	4	水
吹	4	スイ／ふ(く)	7	口

漢字	垂	炊	帥	粋	衰	推	酔	遂	睡
級	5	3	準2	3	3	5	3	3	準2
読み	スイ た(れる) た(らす)	スイ た(く)	スイ	スイ いき	スイ おとろ(える)	スイ お(す)(中)	スイ よ(う)	スイ と(げる)	スイ
画数	8	8	9	10	10	11	11	12	13
部首	土	火	巾	米	衣	扌	酉	⻌	目

漢字	穂	随	髄	枢	崇	数	据	杉	裾
級	3	3	3	準2	準2	9	準2	準2	2
読み	スイ(高) ほ	ズイ	ズイ	スウ	スウ	スウ ス(高) かず かぞ(える)	す(える) す(わる)	すぎ	すそ
画数	15	12	19	8	11	13	11	7	13
部首	禾	阝	骨	木	山	攵	扌	木	衤

漢字	寸	瀬	是	井	世	正	生
級	5	3	4	7	8	10	10
読み	スン	せ	ゼ	セイ(高) ショウ(中) い	セイ セ よ	セイ ショウ ただ(しい) ただ(す) まさ	セイ ショウ い(きる) い(かす) い(ける) う(まれる) う(む) お(う)(中) は(える) は(やす) き(中) なま
画数	3	19	9	4	5	5	5
部首	寸	氵	日	二	一	止	生

漢字	級	読み	画数	部首
成	7	セイ ジョウ(高) な(る) な(す)	6	戈
西	9	セイ サイ にし	6	西
声	9	セイ ショウ(高) こえ こわ(中)	7	士
制	6	セイ	8	刂
姓	4	セイ ショウ	8	女
征	4	セイ	8	彳
性	6	セイ ショウ(中)	8	忄
青	10	セイ ショウ(高) あお あお(い)	8	青
斉	準2	セイ	8	斉

漢字	級	読み	画数	部首
政	6	セイ ショウ(高) まつりごと(高)	9	攵
星	9	セイ ショウ(中) ほし	9	日
牲	3	セイ	9	牛
省	7	セイ ショウ かえり(みる)(中) はぶ(く)	9	目
凄	2	セイ	10	冫
逝	準2	セイ ゆ(く)(高) い(く)(高)	10	辶
清	7	セイ ショウ(高) きよ(い) きよ(まる) きよ(める)	11	氵
盛	5	セイ(中) ジョウ(高) も(る) さか(る)(中) さか(ん)(中)	11	皿
婿	3	セイ(高) むこ	12	女

漢字	級	読み	画数	部首
晴	9	セイ は(れる) は(らす)	12	日
勢	6	セイ いきお(い)	13	力
聖	5	セイ	13	耳
誠	5	セイ まこと(中)	13	言
精	6	セイ ショウ(中)	14	米
製	6	セイ	14	衣
誓	準2	セイ ちか(う)	14	言
静	7	セイ ジョウ(中) しず しず(か) しず(まる) しず(める)	14	青

漢字	級	読み	画数	部首
請	3	セイ シン〔高〕 こ(う)〔高〕 う(ける)	15	言
整	8	セイ ととの(える) ととの(う)	16	攵
醒	2	セイ	16	酉
税	6	ゼイ	12	禾
夕	10	セキ㊥ ゆう	3	夕
斥	3	セキ	5	斤
石	10	セキ シャク コク㊥ いし	5	石
赤	10	セキ シャク〔高〕 あか あか(い) あか(らむ) あか(らめる)	7	赤

漢字	級	読み	画数	部首
昔	8	セキ〔高〕 シャク㊥ むかし	8	日
析	準2	セキ	8	木
席	7	セキ	10	巾
脊	2	セキ	10	肉
隻	3	セキ	10	隹
惜	3	セキ お(しい) お(しむ)	11	忄
戚	2	セキ	11	戈
責	6	セキ せ(める)	11	貝
跡	4	セキ あと	13	⻊

漢字	級	読み	画数	部首
積	7	セキ つ(む) つ(もる)	16	禾
績	6	セキ	17	糸
籍	3	セキ	20	⺮
切	9	セツ サイ㊥ き(る) き(れる)	4	刀
折	7	セツ お(る) おり お(れる)	7	扌
拙	準2	セツ つたな(い)	8	扌
窃	準2	セツ	9	穴
接	6	セツ つ(ぐ)〔高〕	11	扌
設	6	セツ もう(ける)	11	言

漢字	級	読み	画数	部首
雪	9	セツ ゆき	11	雨
摂	3	セツ	13	扌
節	7	セツ セチ(高) ふし	13	竹
説	7	セツ ゼイ(高) と(く)	14	言
舌	5	ゼツ(中) した	6	舌
絶	6	ゼツ た(える) た(やす) た(つ)	12	糸
千	10	セン ち	3	十
川	10	セン(中) かわ	3	川
仙	準2	セン	5	亻

漢字	級	読み	画数	部首
占	4	セン し(める) うらな(う)	5	卜
先	10	セン さき	6	儿
宣	5	セン	9	宀
専	5	セン もっぱ(ら)(中)	9	寸
泉	5	セン いずみ	9	水
浅	7	セン(中) あさ(い)	9	氵
洗	5	セン あら(う)	9	氵
染	5	セン(中) そ(める) そ(まる) し(みる)(高) し(み)(高)	9	木

漢字	級	読み	画数	部首
扇	4	セン おうぎ	10	戸
栓	準2	セン	10	木
旋	準2	セン	11	方
船	9	セン ふね ふな	11	舟
戦	7	セン いくさ(中) たたか(う)	13	戈
〔煎〕煎	2	セン い(る)	13	灬
羨	2	セン(高) うらや(む) うらや(ましい)	13	羊
腺	2	セン	13	月 にくづき

漢字	級	読み	画数	部首
〔詮〕詮	2	セン	13	言
践	準2	セン	13	𧾷
〔箋〕箋	2	セン	14	⺮
銭	5	セン ぜに㊥	14	金
潜	3	セン ひそ(む) もぐ(る)	15	氵
線	9	セン	15	糸
遷	準2	セン	15	辶

漢字	級	読み	画数	部首
選	7	セン えら(ぶ)	15	辶
薦	準2	セン すす(める)	16	艹
繊	準2	セン	17	糸
鮮	4	セン あざ(やか)	17	魚
全	8	ゼン まった(く) すべ(て)	6	入
前	9	ゼン まえ	9	刂
善	5	ゼン よ(い)	12	口
然	7	ゼン ネン	12	灬
禅	準2	ゼン	13	礻

漢字	級	読み	画数	部首
漸	準2	ゼン	14	氵
膳	2	ゼン	16	月(にくづき)
繕	3	ゼン つくろ(う)	18	糸
狙	2	ソ ねら(う)	8	犭
阻	3	ソ はば(む)㊒	8	阝
祖	6	ソ	9	礻
租	準2	ソ	10	禾
素	6	ソ ス㊥	10	糸
措	3	ソ	11	扌

漢字	粗	組	疎	訴	塑	遡〔遡〕	礎	双
級	3	9	準2	4	準2	2	3	3
読み	ソ あら(い)	ソ く(む) くみ	ソ うと(い)(高) うと(む)(高)	ソ うった(える)	ソ	ソ(高) さかのぼ(る)	ソ いしずえ(高)	ソウ ふた
画数	11	11	12	12	13	14	18	4
部首	米	糸	疋	言	土	辶	石	又

漢字	壮	早	争	走	奏	相	荘	草	送
級	準2	10	7	9	5	8	準2	10	8
読み	ソウ	ソウ サッ(中) はや(い) はや(まる) はや(める)	ソウ あらそ(う)	ソウ はし(る)	ソウ かな(でる)(高)	ソウ ショウ(中) あい	ソウ	ソウ くさ	ソウ おく(る)
画数	6	6	6	7	9	9	9	9	9
部首	士	日	亅	走	大	目	艹	艹	辶

漢字	倉	捜	挿	桑	巣	掃	曹	曽	爽
級	7	準2	準2	3	7	3	準2	2	2
読み	ソウ くら	ソウ さが(す)	ソウ さ(す)	ソウ(高) くわ	ソウ(高) す	ソウ は(く)	ソウ	ソウ ゾ	ソウ さわ(やか)
画数	10	10	10	10	11	11	11	11	11
部首	人	扌	扌	木	⺍	扌	曰	曰	大

漢字	級	読み	画数	部首
窓	5	ソウ まど	11	穴
創	5	ソウ つく(る)	12	刂
喪	準2	ソウ も	12	口
痩	2	ソウ(高) や(せる)	12	疒
葬	3	ソウ ほうむ(る)(高)	12	艹
装	5	ソウ ショウ(中) よそお(う)(高)	12	衣
僧	4	ソウ	13	亻
想	8	ソウ ソ(高)	13	心
層	5	ソウ	14	尸

漢字	級	読み	画数	部首
総	6	ソウ	14	糸
遭	3	ソウ あ(う)	14	辶
槽	準2	ソウ	15	木
踪	2	ソウ	15	𧾷
操	5	ソウ みさお(高) あやつ(る)(中)	16	扌
燥	4	ソウ	17	火
霜	準2	ソウ(高) しも	17	雨
騒	4	ソウ さわ(ぐ)	18	馬
藻	準2	ソウ も	19	艹

漢字	級	読み	画数	部首
造	6	ゾウ つく(る)	10	辶
像	6	ゾウ	14	亻
増	6	ゾウ ま(す) ふ(える) ふ(やす)	14	土
憎	3	ゾウ にく(む) にく(い) にく(らしい) にく(しみ)	14	忄
蔵	5	ゾウ くら(中)	15	艹
贈	4	ゾウ ソウ おく(る)	18	貝
臓	5	ゾウ	19	月(にくづき)
即	4	ソク	7	卩
束	7	ソク たば	7	木

漢字	級	読み	画数	部首
足	10	ソク あし た(りる) た(る) た(す)	7	足
促	3	ソク うなが(す)	9	亻
則	6	ソク	9	刂
息	8	ソク いき	10	心
捉	2	ソク とら(える)	10	扌
速	8	ソク はや(い) はや(める) はや(まる) すみ(やか)㊥	10	辶
側	7	ソク がわ	11	亻
測	6	ソク はか(る)	12	氵
俗	4	ゾク	9	亻

漢字	級	読み	画数	部首
族	8	ゾク	11	方
属	6	ゾク	12	尸
賊	3	ゾク	13	貝
続	7	ゾク つづ(く) つづ(ける)	13	糸
卒	7	ソツ	8	十
率	6	ソツ㊥ リツ ひき(いる)	11	玄
存	5	ソン ゾン	6	子
村	10	ソン むら	7	木
孫	7	ソン まご	10	子

漢字	級	読み	画数	部首
尊	5	ソン たっと(い) とうと(い) たっと(ぶ) とうと(ぶ)	12	寸
損	6	ソン そこ(なう)㊥ そこ(ねる)㊥	13	扌
〔遜〕遜	2	ソン	14	辶
他	8	タ ほか	5	亻
多	9	タ おお(い)	6	夕
汰	2	タ	7	氵
打	8	ダ う(つ)	5	扌
妥	準2	ダ	7	女

漢字	級	読み	画数	部首
唾	2	ダ つば	11	口
堕	準2	ダ	12	土
惰	準2	ダ	12	忄
駄	準2	ダ	14	馬
太	9	タイ タ ふと(い) ふと(る)	4	大
対	8	タイ ツイ㊥	7	寸
体	9	タイ テイ㊥ からだ	7	亻
耐	4	タイ た(える)	9	而
待	8	タイ ま(つ)	9	彳
怠	3	タイ おこた(る) なま(ける)	9	心
胎	3	タイ	9	月(にくづき)
退	5	タイ しりぞ(く) しりぞ(ける)	9	辶
帯	7	タイ お(びる) おび	10	巾
泰	準2	タイ	10	氺
堆	2	タイ	11	土
袋	3	タイ㊫ ふくろ	11	衣
逮	3	タイ	11	辶
替	4	タイ か(える) か(わる)	12	日
貸	6	タイ㊥ か(す)	12	貝
隊	7	タイ	12	阝
滞	3	タイ とどこお(る)	13	氵
態	6	タイ	14	心
戴	2	タイ	17	戈
大	10	ダイ タイ おお おお(きい) おお(いに)	3	大
代	8	ダイ タイ か(わる) か(える) よ しろ㊥	5	亻
台	9	ダイ タイ	5	口

漢字	第	題	滝	宅	択	沢	卓	拓	託
級	8	8	3	5	3	4	3	4	3
読み	ダイ	ダイ	たき	タク	タク	タク さわ	タク	タク	タク
画数	11	18	13	6	7	7	8	8	10
部首	⺮	頁	氵	宀	扌	氵	十	扌	言

漢字	濯	諾	濁	但	達	脱	奪	棚	誰
級	準2	3	4	準2	7	4	3	準2	2
読み	タク	ダク	ダク にご(る) にご(す)	ただ(し)	タツ	ダツ ぬ(ぐ) ぬ(げる)	ダツ うば(う)	たな	だれ
画数	17	15	16	7	12	11	14	12	15
部首	氵	言	氵	亻	辶	月(にくづき)	大	木	言

漢字	丹	旦	担	単	炭	胆	探	淡	短
級	4	2	5	7	8	3	5	4	8
読み	タン	タン ダン	タン かつ(ぐ)(高) にな(う)(高)	タン	タン すみ	タン	タン さぐ(る)㊥ さが(す)	タン あわ(い)	タン みじか(い)
画数	4	5	8	9	9	9	11	11	12
部首	丶	日	扌	⺍	火	月(にくづき)	扌	氵	矢

漢字	級	読み	画数	部首
嘆	4	タン なげ(く) なげ(かわしい)	13	口
端	4	タン はし は(高) はた	14	立
綻	2	タン ほころ(びる)	14	糸
誕	5	タン	15	言
鍛	3	タン きた(える)	17	金
団	6	ダン トン(高)	6	囗
男	10	ダン ナン おとこ	7	田
段	5	ダン	9	殳
断	6	ダン た(つ)㊥ ことわ(る)	11	斤

漢字	級	読み	画数	部首
弾	4	ダン ひ(く) はず(む) たま	12	弓
暖	5	ダン あたた(か) あたた(かい) あたた(まる) あたた(める)	13	日
談	8	ダン	15	言
壇	3	ダン タン(高)	16	土
地	9	チ ジ	6	土
池	9	チ いけ	6	氵
知	9	チ し(る)	8	矢
値	5	チ ね あたい㊥	10	亻
恥	4	チ は(じる) はじ は(じらう) は(ずかしい)	10	心

漢字	級	読み	画数	部首
致	4	チ いた(す)	10	至
遅	4	チ おく(れる) おく(らす) おそ(い)	12	辶
痴	準2	チ	13	疒
稚	3	チ	13	禾
置	7	チ お(く)	13	罒
緻	2	チ	16	糸
竹	10	チク たけ	6	竹
畜	3	チク	10	田
逐	準2	チク	10	辶

漢字	蓄	築	秩	窒	茶	着	嫡	中	仲
級	4	6	準2	3	9	8	準2	10	7
読み	チク たくわ(える)	チク きず(く)	チツ	チツ	チャ サ㊥	チャク ジャク㊒ き(る) き(せる) つ(く) つ(ける)	チャク	チュウ ジュウ なか	チュウ㊥ なか
画数	13	16	10	11	9	12	14	4	6
部首	艹	⺮	禾	穴	艹	羊	女	丨	亻

漢字	虫	沖	宙	忠	抽	注	昼	柱	衷
級	10	7	5	5	3	8	9	8	準2
読み	チュウ むし	チュウ㊒ おき	チュウ	チュウ	チュウ	チュウ そそ(ぐ)	チュウ ひる	チュウ はしら	チュウ
画数	6	7	8	8	8	8	9	9	9
部首	虫	氵	宀	心	扌	氵	日	木	衣

漢字	酎	鋳	駐	著	貯	丁	弔	庁	兆
級	2	3	3	5	6	8	準2	5	7
読み	チュウ	チュウ い(る)	チュウ	チョ あらわ(す)㊥ いちじる(しい)㊥	チョ	チョウ テイ㊥	チョウ とむら(う)	チョウ	チョウ きざ(す)㊒ きざ(し)㊒
画数	10	15	15	11	12	2	4	5	6
部首	酉	金	馬	艹	貝	一	弓	广	儿

漢字	級	読み	画数	部首
町	10	チョウ まち	7	田
長	9	チョウ なが(い)	8	長
挑	準2	チョウ いど(む)	9	扌
帳	8	チョウ	11	巾
張	6	チョウ は(る)	11	弓
彫	3	チョウ ほ(る)	11	彡
眺	準2	チョウ なが(める)	11	目
釣	準2	チョウ(高) つ(る)	11	金
頂	5	チョウ いただ(く) いただき	11	頁

漢字	級	読み	画数	部首
鳥	9	チョウ とり	11	鳥
朝	9	チョウ あさ	12	月(つき)
貼	2	チョウ は(る)	12	貝
超	3	チョウ こ(える) こ(す)	12	走
腸	5	チョウ	13	月(にくづき)
跳	4	チョウ は(ねる) と(ぶ)	13	足
徴	4	チョウ	14	彳
〔嘲〕嘲	2	チョウ あざけ(る)	15	口

漢字	級	読み	画数	部首
潮	5	チョウ しお	15	氵
澄	4	チョウ(高) す(む) す(ます)	15	氵
調	8	チョウ しら(べる) ととの(う)(中) ととの(える)(中)	15	言
聴	3	チョウ き(く)	17	耳
懲	準2	チョウ こ(りる) こ(らす) こ(らしめる)	18	心
直	9	チョク ジキ ただ(ちに) なお(す) なお(る)	8	目
勅	準2	チョク	9	力
〔捗〕捗	2	チョク	10	扌

漢字	級	読み	画数	部首
沈	4	チン しず(む) しず(める)	7	氵
珍	4	チン めずら(しい)	9	王
朕	準2	チン	10	月（つきへん）
陳	3	チン	11	阝
賃	5	チン	13	貝
鎮	3	チン しず(める)〔高〕 しず(まる)〔高〕	18	金
追	8	ツイ お(う)	9	辶
椎	2	ツイ	12	木
墜	3	ツイ	15	土

漢字	級	読み	画数	部首
通	9	ツウ ツ〔高〕 とお(る) とお(す) かよ(う)	10	辶
痛	5	ツウ いた(い) いた(む) いた(める)	12	疒
塚	準2	つか	12	土
漬	準2	つ(ける) つ(かる)	14	氵
坪	準2	つぼ	8	土
爪	2	つめ つま	4	爪
鶴	2	つる	21	鳥
低	7	テイ ひく(い) ひく(める) ひく(まる)	7	亻
呈	準2	テイ	7	口

漢字	級	読み	画数	部首
廷	準2	テイ	7	廴
弟	9	テイ〔中〕 ダイ デ〔中〕 おとうと	7	弓
定	8	テイ ジョウ さだ(める) さだ(まる) さだ(か)〔高〕	8	宀
底	7	テイ そこ	8	广
抵	4	テイ	8	扌
邸	準2	テイ	8	阝
亭	準2	テイ	9	亠
貞	準2	テイ	9	貝
帝	3	テイ	9	巾

漢字	訂	庭	逓	停	偵	堤	提	程	艇
級	3	8	準2	6	準2	4	6	6	準2
読み	テイ	テイ にわ	テイ	テイ	テイ	テイ つつみ	テイ さ(げる)㊥	テイ ほど㊥	テイ
画数	9	10	10	11	11	12	12	12	13
部首	言	广	辶	亻	亻	土	扌	禾	舟

漢字	締	諦	泥	的	笛	摘	滴	適	敵
級	3	2	準2	7	8	4	4	6	5
読み	テイ し(まる) し(める)	テイ あきら(める)	デイ(高) どろ	テキ まと	テキ ふえ	テキ つ(む)	テキ しずく したた(る)(高)	テキ	テキ かたき㊥
画数	15	16	8	8	11	14	14	14	15
部首	糸	言	氵	白	⺮	扌	氵	辶	攵

漢字	溺〔溺〕	迭	哲	鉄	徹	撤	天	典
級	2	準2	3	8	準2	準2	10	7
読み	デキ おぼ(れる)	テツ	テツ	テツ	テツ	テツ	テン あめ(高) あま	テン
画数	13	8	10	13	15	15	4	8
部首	氵	辶	口	釒	彳	扌	大	八

漢字	級	読み	画数	部首
店	9	テン、みせ	8	广
点	9	テン	9	灬
展	5	テン	10	尸
添	4	テン、そ(える)、そ(う)	11	氵
転	8	テン、ころ(がる)、ころ(げる)、ころ(がす)、ころ(ぶ)	11	車
〔填〕塡	2	テン	13	土
田	10	デン、た	5	田
伝	7	デン、つた(わる)、つた(える)、つた(う)	6	亻

漢字	級	読み	画数	部首
殿	4	デン、テン、との、どの	13	殳
電	9	デン	13	雨
斗	3	ト	4	斗
吐	4	ト、は(く)	6	口
妬	2	ト、ねた(む)	8	女
徒	7	ト	10	彳
途	4	ト	10	辶
都	8	ト、ツ、みやこ	11	阝
渡	4	ト、わた(る)、わた(す)	12	氵

漢字	級	読み	画数	部首
塗	3	ト、ぬ(る)	13	土
〔賭〕賭	2	ト㊢、か(ける)	16	貝
土	10	ド、ト、つち	3	土
奴	4	ド	5	女
努	7	ド、つと(める)	7	力
度	8	ド、ト㊢、タク㊥、たび㊥	9	广
怒	4	ド、いか(る)、おこ(る)	9	心
刀	9	トウ、かたな	2	刀

漢字	級	読み	画数	部首
冬	9	トウ ふゆ	5	冫
灯	7	トウ ひ㊫	6	火
当	9	トウ あ(たる) あ(てる)	6	⺌
投	8	トウ な(げる)	7	扌
豆	8	トウ ズ まめ	7	豆
東	9	トウ ひがし	8	木
到	4	トウ	8	刂
逃	4	トウ に(げる) に(がす) のが(す) のが(れる)	9	辶
倒	4	トウ たお(れる) たお(す)	10	亻
凍	3	トウ こお(る) こご(える)	10	冫
唐	4	トウ から	10	口
島	8	トウ しま	10	山
桃	4	トウ もも	10	木
討	5	トウ う(つ)㊥	10	言
透	4	トウ す(く) す(かす) す(ける)	10	辶
党	5	トウ	10	儿
悼	準2	トウ いた(む)㊫	11	忄
盗	4	トウ ぬす(む)	11	皿
陶	3	トウ	11	阝
塔	4	トウ	12	土
搭	準2	トウ	12	扌
棟	準2	トウ むね むな㊫	12	木
湯	8	トウ ゆ	12	氵
痘	3	トウ	12	疒
登	8	トウ ト のぼ(る)	12	癶
答	9	トウ こた(える) こた(え)	12	⺮
等	8	トウ ひと(しい)	12	⺮

漢字	級	読み	画数	部首
筒	準2	トウ つつ	12	⺮
統	6	トウ す(べる)(高)	12	糸
稲	4	トウ いね いな	14	禾
踏	4	トウ ふ(む) ふ(まえる)	15	𧾷
糖	5	トウ	16	米
頭	9	トウ ズ ト(高) あたま かしら(中)	16	頁
謄	準2	トウ	17	言
藤	2	トウ ふじ	18	艹

漢字	級	読み	画数	部首
闘	4	トウ たたか(う)	18	門
騰	準2	トウ	20	馬
同	9	ドウ おな(じ)	6	口
洞	準2	ドウ ほら	9	氵
胴	4	ドウ	10	月(にくづき)
動	8	ドウ うご(く) うご(かす)	11	力
堂	6	ドウ	11	土
童	8	ドウ わらべ(中)	12	立
道	9	ドウ トウ(高) みち	12	辶

漢字	級	読み	画数	部首
働	7	ドウ はたら(く)	13	亻
銅	6	ドウ	14	釒
導	6	ドウ みちび(く)	15	寸
瞳	2	ドウ ひとみ	17	目
峠	4	とうげ	9	山
匿	3	トク	10	匚
特	7	トク	10	牜
得	6	トク え(る) う(る)(中)	11	彳
督	準2	トク	13	目

漢字	徳	篤	毒	独	読	栃	凸	突	届
級	7	3	6	6	9	7	準2	4	5
読み	トク	トク	ドク	ドク ひと(り)	ドク トク トウ よ(む)	とち	トツ	トツ つ(く)	とど(ける) とど(く)
画数	14	16	8	9	14	9	5	8	8
部首	彳	⺮	毋	犭	言	木	凵	穴	尸

漢字	屯	豚	頓	貪	鈍	曇	丼	那	奈
級	準2	3	2	2	4	4	2	2	7
読み	トン	トン ぶた	トン	ドン むさぼ(る)	ドン にぶ(い) にぶ(る)	ドン くも(る)	どんぶり どん	ナ	ナ
画数	4	11	13	11	12	16	5	7	8
部首	屮	豕	頁	貝	釒	日	丶	阝	大

漢字	内	梨	〔謎〕謎	鍋	南	軟	難	二
級	9	7	2	2	9	準2	5	10
読み	ナイ ダイ㊥ うち	なし	なぞ	なべ	ナン ナ㊫ みなみ	ナン やわ(らか) やわ(らかい)	ナン かた(い)㊫ むずか(しい)	ニ ふた ふた(つ)
画数	4	11	17	17	9	11	18	2
部首	入	木	言	釒	十	車	隹	二

漢字	尼	弐	匂	肉	虹	日	入	乳	尿
級	準2	4	2	9	2	10	10	5	3
読み	ニ〈高〉 あま	ニ	にお(う)	ニク	にじ	ニチ ジツ ひ か	ニュウ い(る) い(れる) はい(る)	ニュウ ちち ち〈中〉	ニョウ
画数	5	6	4	6	9	4	2	8	7
部首	尸	弋	勹	肉	虫	日	入	し	尸

漢字	任	妊	忍	認	寧	熱	年	念	捻
級	6	準2	準2	5	準2	7	10	7	2
読み	ニン まか(せる) まか(す)	ニン	ニン しの(ぶ) しの(ばせる)	ニン〈中〉 みと(める)	ネイ	ネツ あつ(い)	ネン とし	ネン	ネン
画数	6	7	7	14	14	15	6	8	11
部首	亻	女	心	言	宀	灬	干	心	扌

漢字	粘	燃	悩	納	能	脳	農	濃
級	3	6	4	5	6	5	8	4
読み	ネン ねば(る)	ネン も(える) も(やす) も(す)	ノウ なや(む) なや(ます)	ノウ ナッ〈中〉 ナ〈高〉 ナン〈高〉 トウ〈中〉 おさ(める) おさ(まる)	ノウ	ノウ	ノウ	ノウ こ(い)
画数	11	16	10	10	10	11	13	16
部首	米	火	忄	糸	肉	月(にくづき)	辰	氵

漢字	級	読み	画数	部首
把	準2	ハ	7	扌
波	8	ハ なみ	8	氵
派	5	ハ	9	氵
破	6	ハ やぶ(る) やぶ(れる)	10	石
覇	準2	ハ	19	襾
馬	9	バ うま ま	10	馬
婆	3	バ	11	女
罵	2	バ ののし(る)	15	罒
拝	5	ハイ おが(む)	8	扌

漢字	級	読み	画数	部首
杯	4	ハイ さかずき	8	木
背	5	ハイ せ せい そむ(く)㊥ そむ(ける)㊥	9	肉
肺	5	ハイ	9	月(にくづき)
俳	5	ハイ	10	亻
配	8	ハイ くば(る)	10	酉
排	3	ハイ	11	扌
敗	7	ハイ やぶ(れる)	11	攵
廃	準2	ハイ すた(れる) すた(る)	12	广

漢字	級	読み	画数	部首
輩	4	ハイ	15	車
売	9	バイ う(る) う(れる)	7	士
倍	8	バイ	10	亻
梅	7	バイ うめ	10	木
培	準2	バイ つちか(う)㊫	11	土
陪	3	バイ	11	阝
媒	準2	バイ	12	女
買	9	バイ か(う)	12	貝
賠	準2	バイ	15	貝

漢字	級	読み	画数	部首
白	10	ハク、ビャク(高)、しろ、しら、しろ(い)	5	白
伯	準2	ハク	7	亻
拍	4	ハク、ヒョウ	8	扌
泊	4	ハク、と(まる)、と(める)	8	氵
迫	4	ハク、せま(る)	8	辶
剝〔剥〕	2	ハク、は(がす)、は(ぐ)、は(がれる)、は(げる)	10	刂
舶	準2	ハク	11	舟
博	7	ハク、バク(高)	12	十

漢字	級	読み	画数	部首
薄	4	ハク、うす(い)、うす(める)、うす(まる)、うす(らぐ)、うす(れる)	16	艹
麦	9	バク(中)、むぎ	7	麦
漠	準2	バク	13	氵
縛	3	バク、しば(る)	16	糸
爆	4	バク	19	火
箱	8	はこ	15	⺮
箸〔箸〕	2	はし	15	⺮

漢字	級	読み	画数	部首
畑	8	はた、はたけ	9	田
肌	準2	はだ	6	月（にくづき）
八	10	ハチ、や、や(つ)、やっ(つ)、よう	2	八
鉢	準2	ハチ、ハツ(高)	13	金
発	8	ハツ、ホツ(中)	9	癶
髪	4	ハツ、かみ	14	髟
伐	3	バツ	6	亻
抜	4	バツ、ぬ(く)、ぬ(ける)、ぬ(かす)、ぬ(かる)	7	扌
罰	4	バツ、バチ	14	罒

漢字	級	読み	画数	部首
閥	準2	バツ	14	門
反	8	ハン ホン(高) タン(中) そ(る) そ(らす)	4	又
半	9	ハン なか(ば)	5	十
氾	2	ハン	5	氵
犯	6	ハン おか(す)(中)	5	犭
帆	3	ハン ほ	6	巾
汎	2	ハン	6	氵
伴	3	ハン バン ともな(う)	7	亻
判	6	ハン バン	7	刂

漢字	級	読み	画数	部首
坂	8	ハン(高) さか	7	土
阪*	7	ハン(中)	7	阝
板	8	ハン バン いた	8	木
版	6	ハン	8	片
班	5	ハン	10	王
畔	3	ハン	10	田
般	4	ハン	10	舟
販	4	ハン	11	貝
斑	2	ハン	12	文

＊本書99ページ参照。

漢字	級	読み	画数	部首
飯	7	ハン めし	12	飠
搬	4	ハン	13	扌
煩	準2	ハン ボン(高) わずら(う) わずら(わす)	13	火
頒	準2	ハン	13	頁
範	4	ハン	15	⺮
繁	4	ハン	16	糸
藩	3	ハン	18	艹
晩	5	バン	12	日
番	9	バン	12	田

漢字	級	読み	画数	部首
蛮	3	バン	12	虫
盤	4	バン	15	皿
比	6	ヒ くら(べる)	4	比
皮	8	ヒ かわ	5	皮
妃	準2	ヒ	6	女
否	5	ヒ いな(高)	7	口
批	5	ヒ	7	扌
彼	4	ヒ かれ かの	8	彳
披	準2	ヒ	8	扌

漢字	級	読み	画数	部首
肥	6	ヒ こ(える) こえ こ(やす) こ(やし)	8	月(にくづき)
非	6	ヒ	8	非
卑	3	ヒ いや(しい)(高) いや(しむ)(高) いや(しめる)(高)	9	十
飛	7	ヒ と(ぶ) と(ばす)	9	飛
疲	4	ヒ つか(れる)	10	疒
秘	5	ヒ ひ(める)㊥	10	禾
被	4	ヒ こうむ(る)	10	衤
悲	8	ヒ かな(しい) かな(しむ)	12	心
扉	準2	ヒ(高) とびら	12	戸

漢字	級	読み	画数	部首
費	6	ヒ つい(やす)㊥ つい(える)㊥	12	貝
碑	3	ヒ	14	石
罷	準2	ヒ	15	罒
避	4	ヒ さ(ける)	16	辶
尾	4	ビ お	7	尸
眉	2	ビ(高) ミ まゆ	9	目
美	8	ビ うつく(しい)	9	羊
備	6	ビ そな(える) そな(わる)	12	亻
微	4	ビ	13	彳

漢字	級	読み	画数	部首
鼻	8	ビ㊥ はな	14	鼻
膝	2	ひざ	15	月（にくづき）
肘	2	ひじ	7	月（にくづき）
匹	4	ヒツ ひき	4	匸
必	7	ヒツ かなら（ず）	5	心
泌	3	ヒツ ヒ㊫	8	氵
筆	8	ヒツ ふで	12	⺮
姫	3	ひめ	10	女
百	10	ヒャク	6	白

漢字	級	読み	画数	部首
氷	8	ヒョウ こおり ひ㊫	5	水
表	8	ヒョウ おもて あらわ（す） あらわ（れる）	8	衣
俵	5	ヒョウ たわら	10	亻
票	7	ヒョウ	11	示
評	6	ヒョウ	12	言
漂	3	ヒョウ ただよ（う）	14	氵
標	7	ヒョウ	15	木
苗	3	ビョウ㊫ なえ なわ	8	艹
秒	8	ビョウ	9	禾

漢字	級	読み	画数	部首
病	8	ビョウ ヘイ㊫ や（む）㊥ やまい	10	疒
描	4	ビョウ えが（く） か（く）	11	扌
猫	準2	ビョウ㊫ ねこ	11	犭
品	8	ヒン しな	9	口
浜	4	ヒン はま	10	氵
貧	6	ヒン ビン㊥ まず（しい）	11	貝
賓	準2	ヒン	15	貝
頻	準2	ヒン	17	頁
敏	4	ビン	10	攵

漢字	級	読み	画数	部首
瓶	準2	ビン	11	瓦
不	7	フ ブ	4	一
夫	7	フ フウ㊥ おっと	4	大
父	9	フ ちち	4	父
付	7	フ つ（ける） つ（く）	5	亻
布	6	フ ぬの	5	巾
扶	準2	フ	7	扌
府	7	フ	8	广
怖	4	フ こわ（い）	8	忄

漢字	級	読み	画数	部首
阜	7	フ	8	阜
附	準2	フ	8	阝
訃	2	フ	9	言
負	8	フ ま（ける） ま（かす） お（う）	9	貝
赴	3	フ おもむ（く）	9	走
浮	4	フ う（く） う（かれる） う（かぶ） う（かべる）	10	氵
婦	6	フ	11	女
符	3	フ	11	⺮
富	7	フ フウ㊫ と（む） とみ	12	宀

漢字	級	読み	画数	部首
普	4	フ	12	日
腐	4	フ くさ（る） くさ（れる） くさ（らす）	14	肉
敷	4	フ㊫ し（く）	15	攵
膚	4	フ	15	肉
賦	4	フ	15	貝
譜	準2	フ	19	言
侮	準2	ブ あなど（る）㊫	8	亻
武	6	ブ ム	8	止
部	8	ブ	11	阝

漢字	級	読み	画数	部首
舞	4	ブ ま(う) まい	15	舛
封	3	フウ ホウ	9	寸
風	9	フウ フ高 かぜ かざ	9	風
伏	3	フク ふ(せる) ふ(す)	6	亻
服	8	フク	8	月(つきへん)
副	7	フク	11	刂
幅	4	フク はば	12	巾
復	6	フク	12	彳
福	8	フク	13	ネ

漢字	級	読み	画数	部首
腹	5	フク はら	13	月(にくづき)
複	6	フク	14	ネ
覆	3	フク おお(う) くつがえ(す)高 くつがえ(る)高	18	覀
払	4	フツ高 はら(う)	5	扌
沸	準2	フツ わ(く) わ(かす)	8	氵
仏	6	ブツ ほとけ	4	亻
物	8	ブツ モツ もの	8	牛
粉	6	フン こ こな	10	米
紛	3	フン まぎ(れる) まぎ(らす) まぎ(らわす) まぎ(らわしい)	10	糸

漢字	級	読み	画数	部首
雰	準2	フン	12	雨
噴	4	フン ふ(く)	15	口
墳	3	フン	15	土
憤	準2	フン いきどお(る)高	15	忄
奮	5	フン ふる(う)	16	大
分	9	ブン フン ブ わ(ける) わ(かれる) わ(かる) わ(かつ)	4	刀
文	10	ブン モン ふみ中	4	文
聞	9	ブン モン高 き(く) き(こえる)	14	耳

漢字	丙	平	兵	併	並	柄	陛	閉	塀
級	準2	8	7	準2	5	4	5	5	準2
読み	ヘイ	ヘイ ビョウ たい(ら) ひら	ヘイ ヒョウ	ヘイ あわ(せる)	ヘイ(中) なみ なら(べる) なら(ぶ) なら(びに)	ヘイ(高) がら え	ヘイ	ヘイ と(じる) と(ざす)(中) し(める) し(まる)	ヘイ
画数	5	5	7	8	8	9	10	11	12
部首	一	干	八	亻	一	木	阝	門	土

漢字	幣	弊	〔蔽〕蔽	〔餠〕餅	米	壁	璧
級	準2	準2	2	2	9	4	2
読み	ヘイ	ヘイ	ヘイ	ヘイ もち	ベイ マイ こめ	ヘキ かべ	ヘキ
画数	15	15	15	15	6	16	18
部首	巾	廾	艹	飠	米	土	玉

漢字	癖	別	蔑	片	辺	返	変	偏	遍
級	3	7	2	5	7	8	7	準2	準2
読み	ヘキ くせ	ベツ わか(れる)	ベツ さげす(む)	ヘン(中) かた	ヘン あた(り) べ	ヘン かえ(す) かえ(る)	ヘン か(わる) か(える)	ヘン かたよ(る)	ヘン
画数	18	7	14	4	5	7	9	11	12
部首	疒	刂	艹	片	辶	辶	夂	亻	辶

漢字	編	弁	便	勉	歩	保	哺	捕
級	6	6	7	8	9	6	2	4
読み	ヘン あ(む)	ベン	ベン ビン たよ(り)	ベン	ホ ブ㊥ フ㊫ ある(く) あゆ(む)	ホ たも(つ)	ホ	ホ と(らえる) と(らわれる) と(る) つか(まえる) つか(まる)
画数	15	5	9	10	8	9	10	10
部首	糸	廾	亻	力	止	亻	口	扌

漢字	補	舗	母	募	墓	慕	暮	簿	方
級	5	4	9	3	6	3	5	3	9
読み	ホ おぎな(う)	ホ	ボ はは	ボ つの(る)	ボ はか	ボ した(う)	ボ㊥ く(れる) く(らす)	ボ	ホウ かた
画数	12	15	5	12	13	14	14	19	4
部首	衤	舌	毋	力	土	⺗	日	⺮	方

漢字	包	芳	邦	奉	宝	抱	放	法
級	7	3	3	3	5	4	8	7
読み	ホウ つつ(む)	ホウ かんば(しい)㊫	ホウ	ホウ ブ たてまつ(る)㊫	ホウ たから	ホウ だ(く) いだ(く) かか(える)	ホウ はな(す) はな(つ) はな(れる) ほう(る)	ホウ ハッ㊫ ホッ㊫
画数	5	7	7	8	8	8	8	8
部首	勹	艹	阝	大	宀	扌	攵	氵

漢字	泡	胞	俸	倣	峰	砲	崩	訪	報
級	準2	3	準2	3	4	4	3	5	6
読み	ホウ あわ	ホウ	ホウ	ホウ なら(う)(高)	ホウ みね	ホウ	ホウ くず(れる) くず(す)	ホウ おとず(れる)(中) たず(ねる)	ホウ むく(いる)(中)
画数	8	9	10	10	10	10	11	11	12
部首	氵	月(にくづき)	亻	亻	山	石	山	言	土

漢字	蜂	豊	飽	褒	縫	亡	乏	忙	坊
級	2	6	3	準2	3	5	3	4	4
読み	ホウ はち	ホウ ゆた(か)	ホウ あ(きる) あ(かす)	ホウ(高) ほ(める)	ホウ ぬ(う)	ボウ モウ(高) な(い)(高)	ボウ とぼ(しい)	ボウ いそが(しい)	ボウ ボッ
画数	13	13	13	15	16	3	4	6	7
部首	虫	豆	飠	衣	糸	亠	ノ	忄	土

漢字	妨	忘	防	房	肪	某	冒	剖	紡
級	3	5	6	3	4	3	4	準2	準2
読み	ボウ さまた(げる)	ボウ(中) わす(れる)	ボウ ふせ(ぐ)	ボウ ふさ	ボウ	ボウ	ボウ おか(す)	ボウ	ボウ つむ(ぐ)(高)
画数	7	7	7	8	8	9	9	10	10
部首	女	心	阝	戸	月(にくづき)	木	日	刂	糸

漢字	望	傍	帽	棒	貿	貌	暴	膨	謀
級	7	4	4	5	6	2	6	3	3
読み	ボウ モウ(中) のぞ(む)	ボウ かたわ(ら)(高)	ボウ	ボウ	ボウ	ボウ	ボウ バク(中) あば(く)(高) あば(れる)	ボウ ふく(らむ) ふく(れる)	ボウ ム(高) はか(る)(高)
画数	11	12	12	12	12	14	15	16	16
部首	月(つき)	亻	巾	木	貝	豸	日	月(にくづき)	言

漢字	〔頰〕頬	北	木	朴	牧	睦	僕	墨
級	2	9	10	準2	7	2	準2	3
読み	ほお	ホク きた	ボク モク き こ	ボク	ボク まき(中)	ボク	ボク	ボク すみ
画数	16	5	4	6	8	13	14	14
部首	頁	匕	木	木	牛	目	亻	土

漢字	撲	没	勃	堀	本	奔	翻	凡	盆
級	準2	3	2	準2	10	準2	3	4	4
読み	ボク	ボツ	ボツ	ほり	ホン もと	ホン	ホン ひるがえ(る)(高) ひるがえ(す)(高)	ボン ハン(高)	ボン
画数	15	7	9	11	5	8	18	3	9
部首	扌	氵	力	土	木	大	羽	几	皿

漢字	級	読み	画数	部首
麻	準2	マ あさ	11	麻
摩	準2	マ	15	手
磨	準2	マ みが(く)	16	石
魔	3	マ	21	鬼
毎	9	マイ	6	母
妹	9	マイ㊥ いもうと	8	女
枚	5	マイ	8	木
昧	2	マイ	9	日
埋	3	マイ う(める) う(まる) う(もれる)	10	土

漢字	級	読み	画数	部首
幕	5	マク バク	13	巾
膜	3	マク	14	月(にくづき)
枕	2	まくら	8	木
又	3	また	2	又
末	7	マツ バツ㊒ すえ	5	木
抹	準2	マツ	8	扌
万	9	マン バン㊥	3	一
満	7	マン み(ちる) み(たす)	12	氵
慢	4	マン	14	忄

漢字	級	読み	画数	部首
漫	4	マン	14	氵
未	7	ミ	5	木
味	8	ミ あじ あじ(わう)	8	口
魅	3	ミ	15	鬼
岬	準2	みさき	8	山
密	5	ミツ	11	宀
蜜	2	ミツ	14	虫
脈	6	ミャク	10	月(にくづき)
妙	4	ミョウ	7	女

漢字	級	読み	画数	部首
民	7	ミン たみ㊥	5	氏
眠	4	ミン ねむ(る) ねむ(い)	10	目
矛	4	ム ほこ	5	矛
務	6	ム つと(める) つと(まる)	11	力
無	7	ム ブ な(い)	12	灬
夢	6	ム ゆめ	13	夕
霧	4	ム きり	19	⻗
娘	4	むすめ	10	女
名	10	メイ ミョウ な	6	口

漢字	級	読み	画数	部首
命	8	メイ ミョウ㊥ いのち	8	口
明	9	メイ ミョウ あ(かり) あか(るい) あか(るむ) あか(らむ) あき(らか) あ(ける) あ(く) あ(くる) あ(かす)	8	日
迷	6	メイ㊥ まよ(う)	9	⻌
冥	2	メイ ミョウ㊫	10	冖
盟	5	メイ	13	皿
銘	準2	メイ	14	釒
鳴	9	メイ な(く) な(る) な(らす)	14	鳥

漢字	級	読み	画数	部首
滅	3	メツ ほろ(びる) ほろ(ぼす)	13	氵
免	3	メン まぬか(れる)㊫	8	儿
面	8	メン おも㊥ おもて㊥ つら㊫	9	面
綿	6	メン わた	14	糸
麺	2	メン	16	麦
茂	4	モ しげ(る)	8	艹
模	5	モ ボ	14	木
毛	9	モウ け	4	毛
妄	準2	モウ ボウ㊫	6	女

漢字	盲	耗	猛	網	目	黙	門	紋	問
級	準2	準2	4	4	10	4	9	4	8
読み	モウ	モウ コウ(高)	モウ	モウ あみ	モク ボク(中) め ま(高)	モク だま(る)	モン かど(中)	モン	モン と(う) と(い) とん
画数	8	10	11	14	5	15	8	10	11
部首	目	耒	犭	糸	目	黒	門	糸	口

漢字	冶	夜	野	弥	厄	役	約	訳	薬
級	2	9	9	2	準2	8	7	5	8
読み	ヤ	ヤ よ よる	ヤ の	や	ヤク	ヤク エキ(中)	ヤク	ヤク わけ	ヤク くすり
画数	7	8	11	8	4	7	9	11	16
部首	冫	夕	里	弓	厂	彳	糸	言	艹

漢字	躍	闇	由	油	〔喩〕喻	愉	諭	輸
級	4	2	8	8	2	準2	準2	6
読み	ヤク おど(る)	やみ	ユ ユウ ユイ(高) よし(高)	ユ あぶら	ユ	ユ	ユ さと(す)	ユ
画数	21	17	5	8	12	12	16	16
部首	⻊	門	田	氵	口	忄	言	車

漢字	級	読み	画数	部首
癒	準2	ユ い(える) い(やす)	18	疒
唯	準2	ユイ イ(高)	11	口
友	9	ユウ とも	4	又
有	8	ユウ ウ㊥ あ(る)	6	月(つき)
勇	7	ユウ いさ(む)	9	力
幽	3	ユウ	9	幺
悠	準2	ユウ	11	心
郵	5	ユウ	11	阝
湧	2	ユウ わ(く)	12	氵

漢字	級	読み	画数	部首
猶	準2	ユウ	12	犭
裕	準2	ユウ	12	衤
遊	8	ユウ ユ(高) あそ(ぶ)	12	辶
雄	4	ユウ お おす	12	隹
誘	3	ユウ さそ(う)	14	言
憂	3	ユウ うれ(える) うれ(い) う(い)(高)	15	心
融	準2	ユウ	16	虫
優	5	ユウ やさ(しい)㊥ すぐ(れる)㊥	17	亻
与	4	ヨ あた(える)	3	一

漢字	級	読み	画数	部首
予	8	ヨ	4	亅
余	6	ヨ あま(る) あま(す)	7	人
誉	4	ヨ ほま(れ)	13	言
預	5	ヨ あず(ける) あず(かる)	13	頁
幼	5	ヨウ おさな(い)	5	幺
用	9	ヨウ もち(いる)	5	用
羊	8	ヨウ ひつじ	6	羊
妖	2	ヨウ あや(しい)	7	女
洋	8	ヨウ	9	氵

漢字	級	読み	画数	部首
要	7	ヨウ かなめ い(る)㊥	9	覀
容	6	ヨウ	10	宀
庸	準2	ヨウ	11	广
揚	3	ヨウ あ(げる) あ(がる)	12	扌
揺	3	ヨウ ゆ(れる) ゆ(る) ゆ(らぐ) ゆ(るぐ) ゆ(する) ゆ(さぶる) ゆ(すぶる)	12	扌
葉	8	ヨウ は	12	艹
陽	8	ヨウ	12	阝
溶	4	ヨウ と(ける) と(かす) と(く)	13	氵

漢字	級	読み	画数	部首
腰	4	ヨウ㊫ こし	13	月(にくづき)
様	8	ヨウ さま	14	木
瘍	2	ヨウ	14	疒
踊	4	ヨウ おど(る) おど(り)	14	⻊
窯	準2	ヨウ㊫ かま	15	穴
養	7	ヨウ やしな(う)	15	食
擁	3	ヨウ	16	扌
謡	4	ヨウ うたい㊫ うた(う)㊫	16	言
曜	9	ヨウ	18	日

漢字	級	読み	画数	部首
抑	3	ヨク おさ(える)	7	扌
沃	2	ヨク	7	氵
浴	7	ヨク あ(びる) あ(びせる)	10	氵
欲	5	ヨク ほっ(する)㊫ ほ(しい)㊥	11	欠
翌	5	ヨク	11	羽
翼	4	ヨク つばさ	17	羽
拉	2	ラ	8	扌
裸	3	ラ はだか	13	衤
羅	準2	ラ	19	罒

漢字	級	読み	画数	部首
来	9	ライ く(る) きた(る)㊥ きた(す)㊥	7	木
雷	4	ライ かみなり	13	⻗
頼	4	ライ たの(む) たの(もしい) たよ(る)	16	頁
絡	4	ラク から(む)㊫ から(まる)㊫ から(める)㊫	12	糸
落	8	ラク お(ちる) お(とす)	12	艹
酪	準2	ラク	13	酉
辣	2	ラツ	14	辛
乱	5	ラン みだ(れる) みだ(す)	7	乚
卵	5	ラン㊥ たまご	7	卩

漢字	級	読み	画数	部首
覧	5	ラン	17	見
濫	3	ラン	18	氵
藍	2	ラン㊫ あい	18	艹
欄	4	ラン	20	木
吏	3	リ	6	口
利	7	リ き(く)㊫	7	刂
里	9	リ さと	7	里
理	9	リ	11	王
痢	準2	リ	12	疒

漢字	級	読み	画数	部首
裏	5	リ㊥ うら	13	衣
履	準2	リ は(く)	15	尸
璃	2	リ	14	王
離	4	リ はな(れる) はな(す)	18	隹
陸	7	リク	11	阝
立	10	リツ リュウ㊫ た(つ) た(てる)	5	立
律	5	リツ リチ㊫	9	彳
慄	2	リツ	13	忄
略	6	リャク	11	田

漢字	級	読み	画数	部首
柳	準2	リュウ やなぎ	9	木
流	8	リュウ ル㊞ なが(れる) なが(す)	10	氵
留	6	リュウ ル と(める) と(まる)	10	田
竜	準2	リュウ たつ	10	竜
粒	4	リュウ つぶ	11	米
隆	3	リュウ	11	阝
硫	準2	リュウ	12	石
侶	2	リョ	9	亻
旅	8	リョ たび	10	方

漢字	級	読み	画数	部首
虜	準2	リョ	13	虍
慮	4	リョ	15	心
了	3	リョウ	2	亅
両	8	リョウ	6	一
良	7	リョウ よ(い)	7	艮
料	7	リョウ	10	斗
涼	準2	リョウ すず(しい) すず(む)	11	氵
猟	3	リョウ	11	犭
陵	3	リョウ みささぎ㊞	11	阝

漢字	級	読み	画数	部首
量	7	リョウ はか(る)	12	里
僚	準2	リョウ	14	亻
領	6	リョウ	14	頁
寮	準2	リョウ	15	宀
療	4	リョウ	17	疒
瞭	2	リョウ	17	目
糧	3	リョウ ロウ㊞ かて㊞	18	米
力	10	リョク リキ ちから	2	力
緑	8	リョク ロク㊞ みどり	14	糸

漢字	級	読み	画数	部首
林	10	リン はやし	8	木
厘	3	リン	9	厂
倫	準2	リン	10	亻
輪	7	リン わ	15	車
隣	4	リン とな(る) となり	16	阝
臨	5	リン のぞ(む)㊥	18	臣
瑠	2	ル	14	王
涙	4	ルイ なみだ	10	氵
累	準2	ルイ	11	糸

漢字	級	読み	画数	部首
塁	準2	ルイ	12	土
類	7	ルイ たぐ(い)	18	頁
令	7	レイ	5	人
礼	8	レイ ライ㊯	5	礻
冷	7	レイ つめ(たい) ひ(える) ひ(や) ひ(やす) ひ(やかす) さ(める) さ(ます)	7	冫
励	3	レイ はげ(む) はげ(ます)	7	力
戻	準2	レイ㊯ もど(す) もど(る)	7	戸
例	7	レイ たと(える)	8	亻

漢字	級	読み	画数	部首
鈴	準2	レイ リン すず	13	釒
零	3	レイ	13	⻗
霊	3	レイ リョウ㊯ たま㊯	15	⻗
隷	4	レイ	16	隶
齢	4	レイ	17	歯
麗	4	レイ うるわ(しい)㊯	19	鹿
暦	4	レキ こよみ	14	日
歴	6	レキ	14	止
列	8	レツ	6	刂

漢字	級	読み	画数	部首
劣	4	レツ おと(る)	6	力
烈	4	レツ	10	灬
裂	3	レツ さ(く) さ(ける)	12	衣
恋	4	レン こ(う) こい こい(しい)	10	心
連	7	レン つら(なる) つら(ねる) つ(れる)	10	辶
廉	3	レン	13	广
練	8	レン ね(る)	14	糸
錬	3	レン	16	金
呂	2	ロ	7	口

漢字	級	読み	画数	部首
炉	3	ロ	8	火
賂	2	ロ	13	貝
路	8	ロ じ	13	⻊
露	4	ロ ロウ つゆ	21	⻗
老	7	ロウ お(いる) ふ(ける)(高)	6	耂
労	7	ロウ	7	力
弄	2	ロウ もてあそ(ぶ)	7	廾
郎	4	ロウ	9	阝
朗	5	ロウ ほが(らか)㊥	10	月(つき)

漢字	級	読み	画数	部首
浪	3	ロウ	10	氵
廊	3	ロウ	12	广
楼	3	ロウ	13	木
漏	3	ロウ も(る) も(れる) も(らす)	14	氵
籠	2	ロウ(高) かご こ(もる)	22	⺮
六	10	ロク む む(つ) むっ(つ) むい	4	八
録	7	ロク	16	金
麓	2	ロク ふもと	19	木

漢字	級	読み	画数	部首
論	5	ロン	15	言
和	8	ワ オ(高) やわ(らぐ)㊥ やわ(らげる)㊥ なご(む)㊥ なご(やか)㊥	8	口
話	9	ワ はな(す) はなし	13	言
賄	準2	ワイ まかな(う)	13	貝
脇	2	わき	10	月(にくづき)
惑	4	ワク まど(う)	12	心
枠	準2	わく	8	木
湾	3	ワン	12	氵
腕	4	ワン うで	12	月(にくづき)

学年別漢字配当表

「小学校学習指導要領」（令和2年4月実施）による。

	第一学年 10級	第二学年 9級	第三学年 8級	第四学年 7級	第五学年 6級	第六学年 5級
ア			悪安暗	愛案	圧	
イ	一	引	医委意育員院飲	以衣位茨印	囲移因	胃異遺域
ウ	右雨	羽雲	運			宇
エ	円	園遠	泳駅	英栄媛塩	永営衛易益液演	映延沿
オ	王音		央横屋温	岡億	応往桜	恩
カ	下火花貝学	何科夏家歌画回会海絵外角楽活間丸岩顔	化荷界開階寒感漢館岸	加果貨課芽賀改械害街各覚潟完官管関観願	可仮価河過快解格確額刊幹慣眼	我灰拡革閣割株干巻看簡
キ	気九休玉金	汽記帰弓牛魚京強教近	起期客究急級宮球去橋業曲局銀	岐希季旗器機議求泣給挙漁共協鏡競極	紀基寄規喜技義逆久旧救居許境均禁	危机揮貴疑吸供胸郷勤筋
ク	空		区苦具君	熊訓軍郡群	句	
ケ	月犬見	兄形計元言原	係軽血決研県	径景芸欠結建健験	型経潔件険検限現減	系敬警劇激穴券絹権憲源厳
コ	五口校	戸古午後語工公広交光考行高黄合谷国黒今	庫湖向幸港号根	固功好香候康	故個護効厚耕航鉱構興講告混	己呼誤后孝皇紅降鋼刻穀骨困
サ	左三山	才細作算	祭皿	佐差菜最埼材崎昨札刷察参産散残	査再災妻採際在財罪殺雑酸賛	砂座済裁策冊蚕

学年	シ	ス	セ	ソ	タ	チ	ツ	テ	ト	ナ	ニ	ネ	ノ
第一学年 10級	子四糸字耳七 車手十出女小 上森人	水	正生青夕石赤 千川先	早草足村	大男	竹中虫町		天田	土		二日入	年	
第二学年 9級	止市矢姉思紙 寺自時室社弱 首秋週春書少 場色食心新親	図数	西声星晴切雪 船線前	組走	多太体台	地池知茶昼長 鳥朝直	通	弟店点電	刀冬当東答頭 同道読	内南	肉		
第三学年 8級	仕死使始指歯 詩次事持式実 写者主守取酒 受州拾終習集 住重宿所暑助 昭消商章勝乗 植申身神真深 進		世整昔全	相送想息速族	他打対待代第 題炭短談	着注柱丁帳調	追	定庭笛鉄転	都度投豆島湯 登等動童				農
第四学年 7級	氏司試児治滋 辞鹿失借種周 祝順初松笑唱 焼照城縄臣信		井成省清静席 積折節説浅戦 選然	争倉巣束側続 卒孫	帯隊達単	置仲沖兆		低底的典伝	徒努灯働特徳 栃	奈梨		熱念	
第五学年 6級	士支史志枝師 資飼示似識質 舎謝授修述術 準序招証象賞 条状常情織職		制性政勢精製 税責績接設絶	祖素総造像増 則測属率損	貸態団断	築貯張		停提程適	統堂銅導得毒 独		任	燃	能
第六学年 5級	至私姿視詞誌 磁射捨尺若樹 収宗就衆従縦 縮熟純処署諸 除承将傷障蒸 針仁	垂推寸	盛聖誠舌宣専 泉洗染銭善	奏窓創装層操 蔵臓存尊	退宅担探誕段 暖	値宙忠著庁頂 腸潮賃	痛	敵展	討党糖届	難	乳認		納脳

	ハ	ヒ	フ	ヘ	ホ	マ	ミ	ム	メ	モ	ヤ	ユ	ヨ	ラ	リ	ル	レ	ロ	ワ
学年字数 80字 累計字数 80字	白八	百	文		木本				名	目					立力林			六	
学年字数 160字 累計字数 240字	馬売買麦半番		父風分聞	米	歩母方北	毎妹万			明鳴	毛門	夜野	友	用曜	来	里理				話
学年字数 200字 累計字数 440字	波配倍箱畑発 反坂板	皮悲美鼻筆氷 表秒病品	負部服福物	平返勉	放		味		命面	問	役薬	由油有遊	予羊洋葉陽様	落	流旅両緑		礼列練	路	和
学年字数 202字 累計字数 642字	敗梅博阪飯	飛必票標	不夫付府阜富 副	兵別辺変便	包法望牧	末満	未民	無			約	勇	要養浴		利陸良料量輪	類	令冷例連	老労録	
学年字数 193字 累計字数 835字	破犯判版	比肥非費備評 貧	布婦武復複仏 粉	編弁	保墓報豊防貿 暴		脈	務夢	迷綿			輸	余容		略留領		歴		
学年字数 191字 累計字数 1026字	派拝背肺俳班 晩	否批秘俵	腹奮	並陛閉片	補暮宝訪亡忘 棒	枚幕	密		盟	模	訳	郵優	預幼欲翌	乱卵覧	裏律臨			朗論	

級別漢字表

小学校学年別配当漢字を除く一一一〇字。

級	ア	イ	ウ	エ	オ	カ	キ	ク	ケ	コ	サ	シ
4級	握扱	依威為偉違維緯壱芋陰隠		影鋭越援煙鉛縁	汚押奥憶	菓暇箇雅介戒皆壊較獲刈甘汗乾勧歓監環鑑含	奇祈鬼幾輝儀戯詰却脚及丘朽巨拠距御凶叫狂況狭恐響驚仰	駆屈掘繰	恵傾継迎撃肩兼剣軒圏堅遣玄	枯誇鼓互抗攻更恒荒項稿豪込婚	鎖彩歳載剤咲惨	旨伺刺脂紫雌執芝斜煮釈寂朱狩趣需
3級	哀	慰		詠悦閲炎宴	欧殴乙卸穏	佳架華嫁餓怪悔塊慨該概郭隔穫岳掛滑肝冠勘貫喚換敢緩	企忌軌既棋棄騎欺犠菊吉喫虐虚峡脅凝斤緊	愚偶遇	刑契啓掲携憩鶏鯨倹賢幻	孤弧雇顧娯悟孔巧甲坑拘郊控慌硬絞綱酵克獄恨紺魂墾	債催削搾錯撮擦暫	祉施諮侍慈軸疾湿赦邪殊寿潤遵如徐
準2級	亜	尉逸姻韻	畝浦	疫謁猿	凹翁虞	渦禍靴寡稼蚊拐懐劾涯垣核殻嚇括喝渇褐轄且缶陥患堪棺款閑寛憾還艦頑	飢宜偽擬糾窮拒享挟恭矯暁菌琴謹襟吟	隅勲薫	茎渓蛍慶傑嫌献謙繭顕懸弦	呉碁江肯侯洪貢溝衡購拷剛酷昆懇	唆詐砕宰栽斎索酢桟傘	肢嗣賜璽漆遮蛇酌爵珠儒囚臭愁酬醜
2級	挨曖宛嵐	畏萎椅彙咽淫	唄鬱	怨艶	旺臆俺	苛牙瓦楷潰諧崖蓋骸柿顎葛釜鎌韓玩	伎亀毀畿臼嗅巾僅錦	惧串窟	詣憬稽隙桁拳鍵舷	股虎錮勾梗喉乞傲駒頃痕	沙挫采塞柵刹拶斬	恣摯餌叱嫉腫呪袖羞蹴憧拭尻芯腎

	ス	セ	ソ	タ	チ	ツ	テ	ト	ナ	ニ	ネ	ノ	ハ
舟秀襲柔獣瞬旬巡 盾召床沼称紹詳丈 畳殖飾触侵振浸寝 慎震薪尽陣尋	吹	是姓征跡占扇鮮	訴僧燥騒贈即俗	耐替沢拓濁脱丹淡 嘆端弾	恥致遅蓄跳徴澄沈 珍		抵堤摘滴添殿	吐途渡奴怒到逃倒 唐桃透盗塔稲踏闘 胴峠突鈍曇		弐		悩濃	杯輩拍泊迫薄爆髪 抜罰般販搬範繁盤
匠昇掌晶焦衝鐘冗 嬢錠譲嘱辱伸辛審	炊粋衰酔遂穂随髄	瀬牲婿請斥隻惜籍 摂潜繕	阻措粗礎双桑掃葬 遭憎促賊	怠胎袋逮滞滝択卓 託諾奪胆鍛壇	稚畜窒抽鋳駐彫超 聴陳鎮	墜	帝訂締哲	斗塗凍陶痘匿篤豚		尿	粘		婆排陪縛伐帆伴畔 藩蛮
汁充渋銃叔淑粛塾 俊准殉循庶緒叙升 抄肖尚宵症祥渉訟 硝粧詔奨彰償礁浄 剰壌醸津唇娠紳診 刃迅甚	帥睡枢崇据杉	斉逝誓析拙窃仙栓 旋践遷薦繊禅漸	租疎塑壮荘捜挿曹 喪槽霜藻	妥堕惰駄泰濯但棚	痴逐秩嫡衷弔挑眺 釣懲勅朕	塚漬坪	呈廷邸亭貞逓偵艇 泥迭徹撤	悼搭棟筒謄騰洞督 凸屯	軟	尼妊忍	寧		把覇廃培媒賠伯舶 漠肌鉢閥煩頒
	須裾	凄醒脊戚煎羨腺詮 箋膳	狙遡曽爽痩踪捉遜	汰唾堆戴誰旦綻	緻酎貼嘲捗	椎爪鶴	諦溺塡	妬賭藤瞳頓貪丼	那謎鍋	匂虹	捻		罵剝箸氾汎斑

級	ヒ		フ		ヘ	ホ			マ	ミ	ム	メ	モ	ヤ	ユ	ヨ	ラ	リ		ル	レ	ロ	ワ	計
4級	彼疲被避尾微匹描	浜敏	怖浮普腐敷膚賦舞	幅払噴	柄壁	捕舗抱峰砲忙坊肪	冒傍帽凡盆		慢漫	妙眠	矛霧娘		茂猛網黙紋	躍	雄	与誉溶腰踊謡翼	雷頼絡欄	離粒慮療隣		涙	隷齢麗暦劣烈恋	露郎	惑腕	計313字 5級まで1026字 累計1339字
3級	卑碑泌姫漂苗		赴符封伏覆紛墳		癖	募慕簿芳邦奉胞倣	崩飽縫乏妨房某膨	謀墨没翻	魔埋膜又	魅		滅免			幽誘憂	揚揺擁抑	裸濫	吏隆了猟陵糧厘			励零霊裂廉錬	炉浪廊楼漏	湾	計284字 4級まで1339字 累計1623字
準2級	妃披扉罷猫賓頻瓶		扶附譜侮沸雰憤		丙併塀幣弊偏遍	泡俸褒剖紡朴僕撲	堀奔		麻摩磨抹	岬		銘	妄盲耗	厄	愉諭癒唯悠猶裕融	庸窯	羅酪	痢履柳竜硫虜涼僚	寮倫	累塁	戻鈴		賄枠	計328字 3級まで1623字 累計1951字
2級	眉膝肘		訃		蔽餅璧蔑	哺蜂貌頬睦勃			昧枕	蜜		冥麺		冶弥闇	喩湧	妖瘍沃	拉辣藍	璃慄侶瞭		瑠		呂賂弄籠麓	脇	計185字 準2級まで1951字 累計2136字

常用漢字表「付表」

いわゆる当て字や熟字訓など、主として一字一字の音訓としては挙げにくいものを語の形で掲げた。

＊小・中・高：小学校・中学校・高等学校のどの時点で学習するかの割り振りを示した。

※以下に挙げられている語を構成要素の一部とする熟語に用いてもかまわない。

例「河岸（かし）」→「魚河岸（うおがし）」／「居士（こじ）」→「一言居士（いちげんこじ）」

付表1

語	読み	小	中	高
明日	あす	●		
小豆	あずき		●	
海女・海士	あま			●
硫黄	いおう		●	
意気地	いくじ		●	
田舎	いなか		●	
息吹	いぶき			●
海原	うなばら		●	
乳母	うば		●	
浮気	うわき			●
浮つく	うわつく		●	
笑顔	えがお		●	
叔父・伯父	おじ		●	
大人	おとな	●		
乙女	おとめ		●	
叔母・伯母	おば		●	
お巡りさん	おまわりさん		●	
お神酒	おみき			●
母屋・母家	おもや			●
母さん	かあさん	●		
神楽	かぐら			●
河岸	かし			●
鍛冶	かじ		●	
風邪	かぜ		●	
固唾	かたず		●	
仮名	かな		●	
蚊帳	かや			●
為替	かわせ		●	
河原・川原	かわら	●		
昨日	きのう	●		
今日	きょう	●		
果物	くだもの	●		
玄人	くろうと			●
今朝	けさ	●		
景色	けしき	●		
心地	ここち		●	

語	読み	小	中	高
居士	こじ			●
今年	ことし	●		
早乙女	さおとめ		●	
雑魚	ざこ			●
桟敷	さじき			●
差し支える	さしつかえる		●	
五月	さつき		●	
早苗	さなえ		●	
五月雨	さみだれ		●	
時雨	しぐれ		●	
尻尾	しっぽ		●	
竹刀	しない		●	
老舗	しにせ		●	
芝生	しばふ		●	
清水	しみず	●		
三味線	しゃみせん		●	
砂利	じゃり		●	

語	読み	小	中	高
数珠	じゅず			●
上手	じょうず	●		
白髪	しらが		●	
素人	しろうと			●
師走	しわす（しはす）			●
数寄屋・数奇屋	すきや			●
相撲	すもう		●	
草履	ぞうり		●	
山車	だし			●
太刀	たち		●	
立ち退く	たちのく		●	
七夕	たなばた	●		
足袋	たび		●	
稚児	ちご			●
一日	ついたち	●		
築山	つきやま			●
梅雨	つゆ		●	

語	読み	小	中	高
凸凹	でこぼこ		●	
手伝う	てつだう	●		
伝馬船	てんません			●
投網	とあみ			●
父さん	とうさん	●		
十重二十重	とえはたえ			●
読経	どきょう			●
時計	とけい	●		
友達	ともだち	●		
仲人	なこうど			●
名残	なごり		●	
雪崩	なだれ		●	
兄さん	にいさん	●		
姉さん	ねえさん	●		
野良	のら			●
祝詞	のりと			●
博士	はかせ	●		

語	読み	小	中	高
二十・二十歳	はたち		●	
二十日	はつか	●		
波止場	はとば		●	
一人	ひとり	●		
日和	ひより		●	
二人	ふたり	●		
二日	ふつか	●		
吹雪	ふぶき		●	
下手	へた	●		
部屋	へや	●		
迷子	まいご	●		
真面目	まじめ	●		
真っ赤	まっか	●		
真っ青	まっさお	●		
土産	みやげ		●	
息子	むすこ		●	
眼鏡	めがね	●		

語	読み	小	中	高
猛者	もさ			●
紅葉	もみじ		●	
木綿	もめん		●	
最寄り	もより		●	
八百長	やおちょう			●
八百屋	やおや	●		
大和	やまと		●	
弥生	やよい		●	
浴衣	ゆかた			●
行方	ゆくえ		●	
寄席	よせ			●
若人	わこうど		●	

付表2

語	読み	小	中	高
愛媛	えひめ	●		
茨城	いばらき	●		
岐阜	ぎふ	●		
鹿児島	かごしま	●		
滋賀	しが	●		
宮城	みやぎ	●		
神奈川	かながわ	●		
鳥取	とっとり	●		
大阪	おおさか	●		
富山	とやま	●		
大分	おおいた	●		
奈良	なら	●		

常用漢字表のなかの特別な音訓と用語例

「常用漢字表」本表音訓欄に一字下げで示された音訓（特別なものか、又は用法のごく狭いもの）とその用語例。片仮名は音読み、平仮名は訓読みを示す。

＊小・中・高：小学校・中学校・高等学校のどの時点で学習するかの割り振りを示した。

漢字	読み	用語例	小	中	高
依	エ	帰依(きえ)			●
遺	ユイ	遺言(ゆいごん)		●	
雨	あま	雨雲(あまぐも)・雨戸(あまど)・雨具(あまぐ)	●		
唄	うた	小唄(こうた)・長唄(ながうた)		●	
疫	ヤク	疫病神(やくびょうがみ)			●
益	ヤク	御利益(ごりやく)			●
遠	オン	久遠(くおん)			●
火	ほ	火影(ほかげ)			●
仮	ケ	仮病(けびょう)		●	
何	なん	何本(なんぼん)・何十(なんじゅう)・何点(なんてん)	●		
夏	ゲ	夏至(げし)		●	
華	ケ	香華(こうげ)・散華(さんげ)			●
牙	ゲ	象牙(ぞうげ)		●	

漢字	読み	用語例	小	中	高
回	エ	回向(えこう)			●
街	カイ	街道(かいどう)		●	
格	コウ	格子(こうし)			●
眼	ゲン	開眼(かいげん)			●
期	ゴ	最期(さいご)・この期(ご)に及(およ)んで			●
脚	キャ	脚立(きゃたつ)・行脚(あんぎゃ)			●
久	ク	久遠(くおん)			●
宮	ク	宮内庁(くないちょう)			●
虚	コ	虚空(こくう)・虚無僧(こむそう)			●
供	ク	供物(くもつ)・供養(くよう)			●
胸	むな	胸板(むないた)・胸毛(むなげ)・胸騒(むなさわ)ぎ		●	

漢字	読み	用語例	小	中	高
境	ケイ	境内(けいだい)		●	
仰	コウ	信仰(しんこう)		●	
金	かな	金物(かなもの)・金具(かなぐ)・金縛(かなしば)り	●		
勤	ゴン	勤行(ごんぎょう)			●
群	むら	群(むら)すずめ・群千鳥(むらちどり)・群(むら)がる	●		
兄	キョウ	兄弟(きょうだい)	●		
建	コン	建立(こんりゅう)			●
嫌	ゲン	機嫌(きげん)		●	
献	コン	献立(こんだて)・一献(いっこん)		●	
権	ゴン	権化(ごんげ)・権現(ごんげん)			●
験	ゲン	験(げん)がある・霊験(れいげん)			●

漢字	読み	用語例	小	中	高
懸	ケ	懸念（けねん）・懸想（けそう）			●
厳	ゴン	荘厳（そうごん）			●
庫	ク	庫裏（くり）			●
功	ク	功徳（くどく）			●
行	アン	行脚（あんぎゃ）・行火（あんか）			●
紅	ク	真紅（しんく）・深紅（しんく）		●	
香	キョウ	香車（きょうしゃ）			●
貢	ク	年貢（ねんぐ）			●
黄	こ	黄金（こがね）		●	
合	カッ	合戦（かっせん）	●		
再	サ	再来年（さらいねん）・再来月（さらいげつ）・再来週（さらいしゅう）	●		
歳	セイ	歳暮（せいぼ）		●	
財	サイ	財布（さいふ）		●	
殺	サイ	相殺（そうさい）			●
殺	セツ	殺生（せっしょう）			●
仕	ジ	給仕（きゅうじ）			●

漢字	読み	用語例	小	中	高
児	ニ	小児科（しょうにか）		●	
事	ズ	好事家（こうずか）			●
鹿	か	鹿の子（かのこ）	●		
七	なの	七日（なのか）	●		
質	チ	言質（げんち）			●
若	ニャク	老若（ろうにゃく）			●
寂	セキ	寂然（せきぜん）・寂（せき）として			●
手	た	手綱（たづな）・手繰（たぐ）る		●	
主	ス	法主（ほっす）・坊主（ぼうず）			●
守	ス	留守（るす）	●		
酒	さか	酒屋（さかや）・酒場（さかば）・酒盛（さかも）り	●		
舟	ふな	舟遊（ふなあそ）び・舟宿（ふなやど）・舟歌（ふなうた）		●	
修	シュ	修行（しゅぎょう）		●	
就	ジュ	成就（じょうじゅ）			●
衆	シュ	衆生（しゅじょう）			●

漢字	読み	用語例	小	中	高
従	ショウ	従容（しょうよう）			●
従	ジュ	従（じゅ）○位（い）			●
祝	シュウ	祝儀（しゅうぎ）・祝言（しゅうげん）			●
出	スイ	出納（すいとう）		●	
旬	シュン	旬（しゅん）・旬（しゅん）の野菜（やさい）		●	
緒	チョ	情緒（じょうちょ）		●	
女	ニョウ	女房（にょうぼう）			●
除	ジ	掃除（そうじ）		●	
上	ショウ	上人（しょうにん）・身上（しんしょう）を潰（つぶ）す			●
上	うわ	上着（うわぎ）・上積（うわづ）み	●		
情	セイ	風情（ふぜい）			●
食	ジキ	断食（だんじき）			●
神	かん	神主（かんぬし）		●	
神	こう	神々（こうごう）しい			●
仁	ニ	仁王（におう）		●	
数	ス	人数（にんず）			●
井	ショウ	天井（てんじょう）		●	

漢字	読み	用語例	小	中	高
成	ジョウ	成就(じょうじゅ)・成仏(じょうぶつ)			●
声	ショウ	大音声(だいおんじょう)			●
声	こわ	声色(こわいろ)		●	
青	ショウ	緑青(ろくしょう)・紺青(こんじょう)・群青(ぐんじょう)			●
政	ショウ	摂政(せっしょう)			●
星	ショウ	明星(みょうじょう)		●	
清	ショウ	六根清浄(ろっこんしょうじょう)			●
盛	ジョウ	繁盛(はんじょう)			●
精	ショウ	精進(しょうじん)・不精(ぶしょう)		●	
静	ジョウ	静脈(じょうみゃく)		●	
請	シン	普請(ふしん)			●
石	シャク	磁石(じしゃく)	●		
石	コク	石高(こくだか)・千石船(せんごくぶね)		●	
赤	シャク	赤銅(しゃくどう)			●
昔	シャク	今昔(こんじゃく)		●	
切	サイ	一切(いっさい)		●	
節	セチ	お節料理(せちりょうり)			●

漢字	読み	用語例	小	中	高
説	ゼイ	遊説(ゆうぜい)			●
船	ふな	船旅(ふなたび)・船賃(ふなちん)	●		
早	サッ	早速(さっそく)・早急(さっきゅう)		●	
曽	ゾ	未曽有(みぞう)		●	
想	ソ	愛想(あいそ)			●
贈	ソウ	寄贈(きそう)		●	
団	トン	布団(ふとん)			●
壇	タン	土壇場(どたんば)			●
着	ジャク	愛着(あいじゃく)・執着(しゅうじゃく)			●
中	ジュウ	○○中(じゅう)	●		
通	ツ	通夜(つや)			●
爪	つま	爪先(つまさき)・爪弾く(つまびく)		●	
弟	ダイ	兄弟(きょうだい)	●		
弟	デ	弟子(でし)		●	
天	あま	天の川(あまのがわ)・天下り(あまくだり)	●		
度	ト	法度(はっと)			●
度	タク	支度(したく)		●	

漢字	読み	用語例	小	中	高
豆	ズ	大豆(だいず)	●		
棟	むな	棟木(むなぎ)			●
稲	いな	稲作(いなさく)・稲穂(いなほ)		●	
頭	ト	音頭(おんど)			●
道	トウ	神道(しんとう)			●
読	トウ	読点(とうてん)・句読点(くとうてん)	●		
丼	どん	牛丼(ぎゅうどん)・天丼(てんどん)		●	
内	ダイ	内裏(だいり)・参内(さんだい)		●	
南	ナ	南無(なむ)			●
納	ナッ	納得(なっとく)・納豆(なっとう)		●	
納	ナ	納屋(なや)			●
納	ナン	納戸(なんど)			●
納	トウ	出納(すいとう)		●	
馬	ま	馬子(まご)・絵馬(えま)	●		
白	しら	白壁(しらかべ)・白む(しらむ)・白ける(しらける)	●		
拍	ヒョウ	拍子(ひょうし)		●	

漢字	読み	用語例	小	中	高
博	バク	博労(ばくろう)・博徒(ばくと)			●
八	よう	八日(ようか)	●		
鉢	ハツ	衣鉢(いはつ)			●
反	ホン	謀反(むほん)			●
反	タン	反物(たんもの)		●	
煩	ボン	煩悩(ぼんのう)			●
彼	かの	彼女(かのじょ)		●	
眉	ミ	眉間(みけん)		●	
苗	なわ	苗代(なわしろ)		●	
病	ヘイ	疾病(しっぺい)			●
夫	フウ	夫婦(ふうふ)・工夫(くふう)		●	
富	フウ	富貴(ふうき)			●
風	フ	風情(ふぜい)・中風(ちゅうぶ)			●
風	かざ	風上(かざかみ/かざうえ)・風車(かざぐるま)	●		
歩	フ	歩(ふ)			●
奉	ブ	奉行(ぶぎょう)		●	

漢字	読み	用語例	小	中	高
法	ハッ	法度(はっと)			●
法	ホッ	法主(ほっす/ほっしゅ)			●
亡	モウ	亡者(もうじゃ)			●
坊	ボッ	坊(ぼっ)ちゃん		●	
暴	バク	暴露(ばくろ)		●	
謀	ム	謀反(むほん)			●
木	こ	木立(こだち)・木陰(こかげ)	●		
凡	ハン	凡例(はんれい)			●
耗	コウ	心神耗弱(しんしんこうじゃく)			●
目	ボク	面目(めんぼく)		●	
目	ま	目(ま)の当(あ)たり・目深(まぶか)			●
問	とん	問屋(とんや)	●		
由	ユイ	由緒(ゆいしょ)			●
唯	イ	唯々諾々(いいだくだく)			●
遊	ユ	遊山(ゆさん)			●
立	リュウ	建立(こんりゅう)			●

漢字	読み	用語例	小	中	高
律	リチ	律儀(りちぎ)			●
流	ル	流布(るふ)・流転(るてん)・流罪(るざい)			●
留	ル	留守(るす)	●		
糧	ロウ	兵糧(ひょうろう)			●
緑	ロク	緑青(ろくしょう)			●
露	ロウ	披露(ひろう)		●	
六	むい	六日(むいか)	●		
和	オ	和尚(おしょう)			●

二とおりの読み

「常用漢字表」（平成22年）本表備考欄による。
片仮名は音読み、平仮名は訓読みを示す。

漢字	読み	備考
遺	ユイ	「遺言（ゆいごん）」は、「イゴン」とも。
奥	オウ	「奥義（おうぎ）」は、「おくギ」とも。
堪	カン	「堪能（かんのう）」は、「タンノウ」とも。
吉	キチ	「吉日（きちじつ）」は、「キツジツ」とも。
兄	キョウ	「兄弟（きょうだい）」は、「ケイテイ」と読むこともある。
甲	カン	「甲板（かんぱん）」は、「コウハン」とも。
合	ガッ	「合点（がってん）」は、「ガテン」とも。
昆	コン	「昆布（こんぶ）」は、「コブ」とも。
紺	コン	「紺屋（こんや）」は、「コウや」とも。
詩	シ	「詩歌（しか）」は、「シイカ」とも。
七	なの	「七日（なのか）」は、「なぬか」とも。
若	ニャク	「老若（ろうにゃく）」は、「ロウジャク」とも。

漢字	読み	備考
寂	セキ	「寂然（せきぜん）」は、「ジャクネン」とも。
主	ス	「法主（ほっす）」は、「ホウシュ」、「ホッシュ」とも。
十	ジッ	「ジュッ」とも。
緒	チョ	「情緒（じょうちょ）」は、「ジョウショ」とも。
憧	ショウ	「憧憬（しょうけい）」は、「ドウケイ」とも。
数	ス	「人数（にんず）」は、「ニンズウ」とも。
贈	ソウ	「寄贈（きそう）」は、「キゾウ」とも。
側	がわ	「かわ」とも。
唾	つば	「唾（つば）」は、「つばき」とも。
着	ジャク	「愛着（あいじゃく）」、「執着（しゅうじゃく）」は、「アイチャク」、「シュウチャク」とも。
貼	チョウ	「貼付（ちょうふ）」は、「テンプ」とも。

漢字	読み	備考
難	むずかしい	「むつかしい」とも。
泌	ヒツ	「分泌（ぶんぴつ）」は、「ブンピ」とも。
富	フウ	「富貴（ふうき）」は、「フッキ」とも。
文	モン	「文字（もんじ）」は、「モジ」とも。
法	ホッ	「法主（ほっす）（ほっしゅ）」は、「ホウシュ」とも。
望	モウ	「大望（たいもう）」は、「タイボウ」とも。
頰	ほお	「頰（ほお）」は、「ほほ」とも。
末	バツ	「末子（ばっし）」、「末弟（ばってい）」は、「マッシ」、「マッテイ」とも。
免	まぬかれる	「まぬがれる」とも。
妄	ボウ	「妄言（ぼうげん）」は、「モウゲン」とも。
目	ボク	「面目（めんぼく）」は、「メンモク」とも。
問	とん	「問屋（とんや）」は、「といや」とも。
礼	ライ	「礼拝（らいはい）」は、「レイハイ」とも。

注意すべき読み

片仮名は音読み、平仮名は訓読みを示す。

「常用漢字表」（平成22年）本表備考欄による。

漢字	読み	備考
位	イ	「三位一体」、「従三位」は、「サンミイッタイ」、「ジュサンミ」。
羽	は	「羽（は）」は、前に来る音によって「わ」、「ば」、「ぱ」になる。 用語例＝一羽（わ）、三羽（ば）、六羽（ぱ）
雨	あめ	「春雨」、「小雨」、「霧雨」などは、「はるさめ」、「こさめ」、「きりさめ」。
縁	エン	「因縁」は、「インネン」。
王	オウ	「親王」、「勤王」などは、「シンノウ」、「キンノウ」。
応	オウ	「反応」、「順応」などは、「ハンノウ」、「ジュンノウ」。
音	オン	「観音」は、「カンノン」。
穏	オン	「安穏」は、「アンノン」。
皇	オウ	「天皇」は、「テンノウ」。
上	ショウ	「身上」は、「シンショウ」と「シンジョウ」とで、意味が違う。
把	ハ	「把（ハ）」は、前に来る音によって「ワ」、「バ」、「パ」になる。 用語例＝一把（ワ）、三把（バ）、十把（パ）

都道府県名

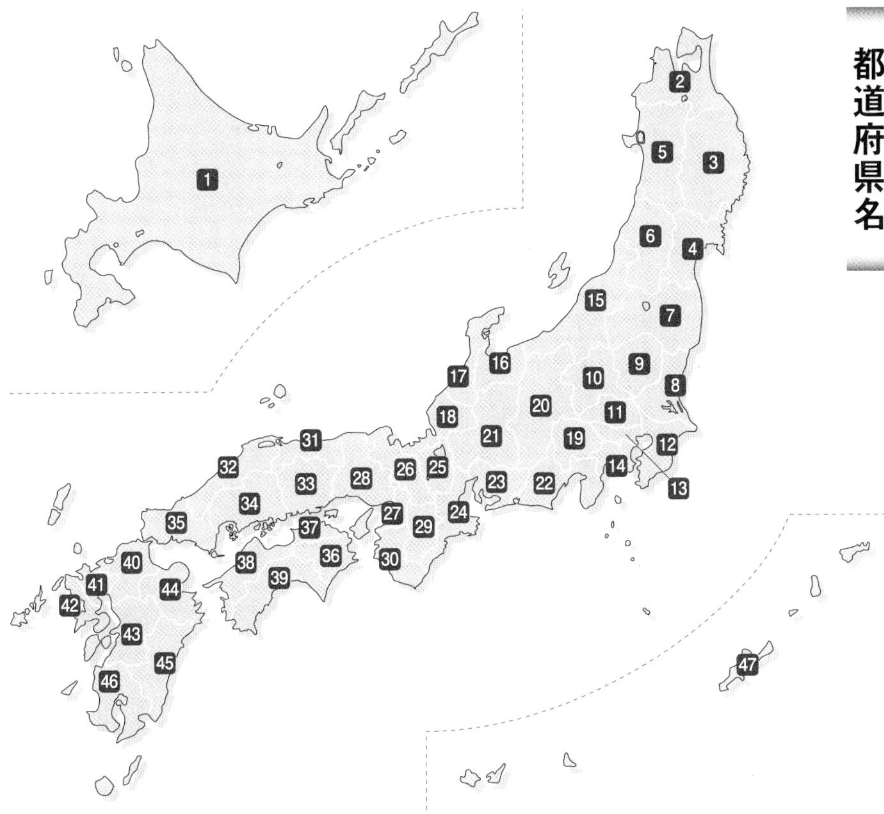

1	北海道	ほっかいどう
2	青森県	あおもりけん
3	岩手県	いわて
4	宮城県	みやぎ
5	秋田県	あきた
6	山形県	やまがた
7	福島県	ふくしま
8	茨城県	いばらき
9	栃木県	とちぎ
10	群馬県	ぐんま
11	埼玉県	さいたま
12	千葉県	ちば
13	東京都	とうきょうと
14	神奈川県	かながわ
15	新潟県	にいがた
16	富山県	とやま
17	石川県	いしかわ
18	福井県	ふくい
19	山梨県	やまなし
20	長野県	ながの
21	岐阜県	ぎふ
22	静岡県	しずおか
23	愛知県	あいち
24	三重県	みえ
25	滋賀県	しが
26	京都府	きょうとふ
27	大阪府	おおさか
28	兵庫県	ひょうご
29	奈良県	なら
30	和歌山県	わかやま
31	鳥取県	とっとり
32	島根県	しまね
33	岡山県	おかやま
34	広島県	ひろしま
35	山口県	やまぐち
36	徳島県	とくしま
37	香川県	かがわ
38	愛媛県	えひめ
39	高知県	こうち
40	福岡県	ふくおか
41	佐賀県	さが
42	長崎県	ながさき
43	熊本県	くまもと
44	大分県	おおいた
45	宮崎県	みやざき
46	鹿児島県	かごしま
47	沖縄県	おきなわ

■国語政策に関する年表

年月日	国語政策
昭和21・11・16	「現代かなづかい」内閣告示 「当用漢字表」内閣告示
昭和23・2・16	「当用漢字音訓表」内閣告示 「当用漢字別表（教育漢字表）」内閣告示
昭和24・4・28	「当用漢字字体表」内閣告示
昭和26・5・25	「人名用漢字別表」内閣告示
昭和29・3・15	「当用漢字補正案」国語審議会報告
昭和31・1・20	「教育漢字学年配当表」漢字学習指導研究会決定 （「学年別漢字配当表」は33年10月1日文部省[*]告示「小学校学習指導要領」で実施）
昭和34・7・11	「送りがなのつけ方」内閣告示
昭和43・7・11	「学年別漢字配当表」の備考に、別表外の当用漢字一一五字を加える。 （「小学校学習指導要領」改正・文部省[*]告示、46年4月1日実施）
昭和48・6・18	「当用漢字音訓表」改定・内閣告示 「送り仮名の付け方」改定・内閣告示
昭和52・7・23	「学年別漢字配当表」を変更。 （「小学校学習指導要領」改正・文部省[*]告示、55年4月1日実施）
昭和56・10・1	「常用漢字表」内閣告示
昭和61・7・1	「現代仮名遣い」改定・内閣告示
平成元・3・15	「学年別漢字配当表」を変更。 （「小学校学習指導要領」改正・文部省[*]告示、4年4月1日実施）
平成12・12・8	「表外漢字字体表」国語審議会答申
平成22・11・30	「常用漢字表」改定・内閣告示 「現代仮名遣い」一部改正・内閣告示 「送り仮名の付け方」一部改正・内閣告示
平成29・3・31	「学年別漢字配当表」を変更。 （「小学校学習指導要領」改正・文部科学省告示、令和2年4月1日実施）

＊現　文部科学省

部首一覧表と
部首別の常用漢字

●部首一覧表

・表の上には部首を画数順に配列し、下には漢字のなかで占める位置によって形が変化するものや特別な名称をもつものを示した。

18
【刀】
刀
刂
かたな
りっとう
121
121

・部首は基本的には『康熙字典』によるが、新字体の制定により「⺍（つかんむり）」のみ新しく設けた。

・「ページ」の欄には、後掲の「部首別の常用漢字」において、その部首を掲載しているページを示した。

●部首別の常用漢字

・部首別に、その属する漢字を列記した。同じ部首のなかでは、級別に並べた（準2級のみ「準2」と表示）。

・※印以下の漢字は、その部首と同じ部分を含むが別の部首に属するものである。↓印の下にその属する部首を示した。

部首一覧表

偏（へん）…左側　旁（つくり）…右側　冠（かんむり）…上側　脚（あし）…下側　垂（たれ）　繞（にょう）　構（かまえ）

一画

番号	部首	部首	位置	名称	ページ
1	【一】	一		いち	119
2	【丨】	丨		ぼう・たてぼう	119
3	【丶】	丶		てん	119
4	【丿】	丿		の・はらいぼう	119
5	【乙】	乙		おつ	119
		乚	旁	おつ	119
6	【亅】	亅		はねぼう	119

二画

番号	部首	部首	位置	名称	ページ
7	【二】	二		に	119
8	【亠】	亠	冠	なべぶた・けいさんかんむり	119
9	【人】	人		ひと	119
		亻	偏	にんべん	119
		𠆢	冠	ひとやね	120
10	【入】	入		いる	120
11	【儿】	儿		ひとあし・にんにょう	120
12	【八】	八		はち	120
		ハ	脚	は	120
13	【冂】	冂	構	どうがまえ・けいがまえ・まきがまえ	120
14	【冖】	冖	冠	わかんむり	120
15	【冫】	冫		にすい	120
16	【几】	几		つくえ	120
17	【凵】	凵		うけばこ	121
18	【刀】	刀		かたな	121
		刂	旁	りっとう	121
19	【力】	力		ちから	121
20	【勹】	勹	構	つつみがまえ	121
21	【匕】	匕		ひ	121
22	【匚】	匚	構	はこがまえ	121
23	【匸】	匸	構	かくしがまえ	121
24	【十】	十		じゅう	121
25	【卜】	卜		と・うらない	121
26	【卩】	卩		わりふ・ふしづくり	121
		㔾		わりふ・ふしづくり	122
27	【厂】	厂	垂	がんだれ	122
28	【厶】	厶		む	122

35	34	33		32	31		30		29	
【夕】	【夂】	【士】		【土】	【囗】		【口】	三画	【又】	部首
夕	夂	士	土	土	囗	口	口		又	
										位置
た ゆうべ	すいにょう ふゆがしら	さむらい	つちへん	つち	くにがまえ	くちへん	くち		また	名称
123	123	123	123	122	122	122	122		122	ページ

42		41	40	39		38		37	36	
【尢】		【小】	【寸】	【宀】		【子】		【女】	【大】	部首
尢	⺌	小	寸	宀	子	子	女	女	大	
										位置
だいのまげあし	しょう	しょう	すん	うかんむり	こへん	こ	おんなへん	おんな	だい	名称
124	124	124	124	124	123	123	123	123	123	ページ

49	48		47		46		45	44	43	
【巾】	【己】		【工】		【川】		【山】	【屮】	【尸】	部首
巾	己	工	工	巛	川	山	山	屮	尸	
										位置
はば	おのれ	たくみへん	え たくみ	かわ	かわ	やまへん	やま	てつ	かばね しかばね	名称
125	125	125	125	124	124	124	124	124	124	ページ

57		56	55	54	53	52	51	50	49	
【彐】		【弓】	【弋】	【廾】	【廴】	【广】	【幺】	【干】	【巾】	部首
彑	弓	弓	弋	廾	廴	广	幺	干	巾	
										位置
けいがしら	ゆみへん	ゆみ	しきがまえ	こまぬき にじゅうあし	えんにょう	まだれ	よう いとがしら	かん いちじゅう	はばへん きんべん	名称
126	126	126	125	125	125	125	125	125	125	ページ

番号	部首	字形	名称	ページ
58	【彡】	彡	さんづくり	126
59	【彳】	彳	ぎょうにんべん	126
60	【⺍】	⺍	つかんむり	126

忄→【心】　氵→【水】　艹→【艸】　阝（旁）→【邑】
扌→【手】　犭→【犬】　辶→【辵】　阝（偏）→【阜】

四画

番号	部首	字形	名称	ページ
61	【心】	心	こころ	126
		忄	りっしんべん	126
		小	したごころ	126
62	【戈】	戈	ほこづくり ほこがまえ	126
63	【戸】	戸	と	126
		戸	とだれ とかんむり	127
64	【手】	手	て	127
		扌	てへん	127
65	【支】	支	し	127
66	【攴】	攵	のぶん ぼくづくり	127
67	【文】	文	ぶん	127
68	【斗】	斗	とます	127
69	【斤】	斤	きん	127
		斤	おのづくり	127
70	【方】	方	ほう	127
		方	ほうへん かたへん	127
71	【日】	日	ひ	128
		日	ひへん	128
72	【曰】	曰	ひらび いわく	128
73	【月】	月	つき	128
		月	つきへん	128
74	【木】	木	き	128
		木	きへん	128
75	【欠】	欠	あくび かける	128
76	【止】	止	とめる	129
77	【歹】	歹	かばねへん いちたへん がつへん	129
78	【殳】	殳	るまた ほこづくり	129
79	【毋】	毋	なかれ	129
80	【比】	比	ならびひ くらべる	129
81	【毛】	毛	け	129
82	【氏】	氏	うじ	129
83	【气】	气	きがまえ	129
84	【水】	水	みず	129
		氵	さんずい	129

番号	部首		位置	名称	ページ
84	【水】	氺		したみず	130
85	【火】	火		ひ	130
		火		ひへん	130
		灬		れんが れっか	130
86	【爪】	爪		つめ	130
		爫		つめかんむり つめがしら	130
87	【父】	父		ちち	130
88	【片】	片		かた	130
		片		かたへん	130
89	【牙】	牙		きば	130
90	【牛】	牛		うし	130
		牜		うしへん	130
91	【犬】	犬		いぬ	130
		犭		けものへん	130
	王・⺩→【玉】 ネ→【示】 ⺹→【老】 ⻌→【辵】				
	五画				
92	【玄】	玄		げん	131
93	【玉】	玉		たま	131
		王		おう	131
93	【玉】	⺩		おうへん たまへん	131
94	【瓦】	瓦		かわら	131
95	【甘】	甘		かん あまい	131
96	【生】	生		うまれる	131
97	【用】	用		もちいる	131
98	【田】	田		た	131
		田		たへん	131
99	【疋】	疋		ひき	131
		⺪		ひきへん	131
100	【疒】	疒		やまいだれ	131
101	【癶】	癶		はつがしら	132
102	【白】	白		しろ	132
103	【皮】	皮		けがわ	132
104	【皿】	皿		さら	132
105	【目】	目		め	132
		目		めへん	132
106	【矛】	矛		ほこ	132
107	【矢】	矢		や	132
		矢		やへん	132
108	【无】	旡		なし ぶ すでのつくり	132

番号	部首	字形	位置	名称	ページ
109	【石】	石		いし	132
		石		いしへん	132
110	【示】	示		しめす	132
		ネ		しめすへん	133
111	【禾】	禾		のぎ	133
		禾		のぎへん	133
112	【穴】	穴		あな	133
		穴		あなかんむり	133
113	【立】	立		たつ	133
		立		たつへん	133

氺→【水】
罒→【网】
衤→【衣】

六画

番号	部首	字形	位置	名称	ページ
114	【竹】	竹		たけ	133
		⺮		たけかんむり	133
115	【米】	米		こめ	133
		米		こめへん	133
116	【糸】	糸		いと	134
		糸		いとへん	134
117	【缶】	缶		ほとぎ	134

番号	部首	字形	位置	名称	ページ
118	【网】	罒		あみがしら あみめ よこめ	134
119	【羊】	羊		ひつじ	134
120	【羽】	羽		はね	134
121	【老】	耂		おいかんむり おいがしら	134
122	【而】	而		しかして しこうして	134
123	【耒】	耒		すきへん らいすき	134
124	【耳】	耳		みみ	134
		耳		みみへん	134
125	【聿】	聿		ふでづくり	135
126	【肉】	肉		にく	135

番号	部首	字形	位置	名称	ページ
126	【肉】	月		にくづき	135
127	【自】	自		みずから	135
128	【至】	至		いたる	135
129	【臼】	臼		うす	135
130	【舌】	舌		した	135
131	【舟】	舟		ふね	135
		舟		ふねへん	135
132	【艮】	艮		ねづくり こんづくり	135
133	【色】	色		いろ	135
134	【艸】	艹		くさかんむり	135

部首	135【虍】	136【虫】		137【血】	138【行】		139【衣】		140【襾】	
部首	虍	虫	虫	血	行	行	衣	衤	西	覀
位置										
名称	とらがしら とらかんむり	むし	むしへん	ち	ぎょう	ぎょうがまえ ゆきがまえ	ころも	ころもへん	にし	おおいかんむり
ページ	136	136	136	136	136	136	136	136	136	136

七画

部首	141【見】	142【臣】	143【角】		144【言】		145【谷】	146【豆】	147【豕】
部首	見	臣	角	角	言	言	谷	豆	豕
位置									
名称	みる	しん	かく つの	つのへん	げん	ごんべん	たに	まめ	ぶた いのこ
ページ	136	137	137	137	137	137	137	137	137

部首	148【豸】	149【貝】		150【赤】	151【走】		152【足】		153【身】	154【車】
部首	豸	貝	貝	赤	走	走	足	𧾷	身	車
位置										
名称	むじなへん	かい こがい	かいへん	あか	はしる	そうにょう	あし	あしへん	み	くるま
ページ	137	137	137	137	138	138	138	138	138	138

部首	154【車】	155【辛】	156【辰】	157【辵】		158【邑】	159【酉】		160【釆】	
部首	車	辛	辰	辶	⻍	阝	酉	酉	釆	釆
位置										
名称	くるまへん	からい	しんのたつ	しんにょう しんにゅう	しんにょう しんにゅう	おおざと	ひよみのとり	とりへん	のごめ	のごめへん
ページ	138	138	138	138	138	138	138	139	139	139

※注「⻍」については「遡・遜」のみに適用。

番号	161		162	163		八画	164		165	166
部首	【里】		【舛】	【麦】			【金】		【長】	【門】
	里	里	舛	麦	麦		金	釒	長	門
位置										
名称	さと	さとへん	まいあし	むぎ	ばくにょう		かね	かねへん	ながい	もん
ページ	139	139	139	139	139		139	139	139	139

番号	166	167		168	169	170		171	172	173
部首	【門】	【阜】		【隶】	【隹】	【雨】		【青】	【非】	【斉】
	門	阜	阝	隶	隹	雨	⻗	青	非	斉
位置										
名称	もんがまえ	おか	こざとへん	れいづくり	ふるとり	あめ	あめかんむり	あお	あらず ひ	せい
ページ	139	139	139	140	140	140	140	140	140	140

番号		九画	174	175		176	177	178	179	180
部首			【面】	【革】		【音】	【頁】	【風】	【飛】	【食】
	飠 ↓ 【食】		面	革	革	音	頁	風	飛	食
位置										
名称			めん	かくのかわ つくりがわ	かわへん	おと	おおがい	かぜ	とぶ	しょく
ページ			140	140	140	140	140	140	140	141

番号	180		181	182	十画	183		184		185
部首	【食】		【首】	【香】		【馬】		【骨】		【高】
	飠	𩙿	首	香		馬	馬	骨	骨	高
位置										
名称	しょくへん	しょくへん	くび	か かおり		うま	うまへん	ほね	ほねへん	たかい
ページ	141	141	141	141		141	141	141	141	141

※注「𩙿」については「餌・餅」のみに適用。

番号	部首	位置	名称	ページ
186	【髟】髟		かみがしら	141
187	【鬯】鬯		ちょう	141
188	【鬼】鬼		おに	141
	鬼		きにょう	141
189	【韋】韋		なめしがわ	141
190	【竜】竜		りゅう	141
十一画				
191	【魚】魚		うお	141
	魚		うおへん	141
192	【鳥】鳥		とり	142
193	【鹿】鹿		しか	142
194	【麻】麻		あさ	142
195	【黄】黄		き	142
196	【黒】黒		くろ	142
197	【亀】亀		かめ	142
十二画				
198	【歯】歯		は	142
	歯		はへん	142
十三画				
199	【鼓】鼓		つづみ	142
十四画				
200	【鼻】鼻		はな	142

■ 康熙字典（こうき）

康熙55年・享保元年（1716）刊行

康熙字典巻之二

口部

渡部温 訂正『標註訂正 康熙字典』（講談社、昭和52年 復刻版発行）

部首別の常用漢字

1 一（いち）

10級	一下三七上
9級	万
8級	世丁両
7級	不
5級	並
4級	丘丈与
準2	且丙

2 丨（ぼう たてぼう）

10級	中
2級	串

※弔↓弓　出↓山　旧↓日　甲↓田　申↓田

3 丶（てん）

9級	丸
8級	主
4級	丹
2級	丼

※凡↓几　以↓人　永↓水　氷↓水　良↓艮　言↓言

4 ノ（の はらいぼう）

8級	乗
6級	久
3級	乏

※千↓十　手↓手　毛↓毛　舌↓舌　系↓糸　垂↓土　重↓里

5 乙（おつ）

10級	九
4級	乾
3級	乙
2級	乞

乚（おつ）

5級	乳乱

6 亅（はねぼう）

8級	事予
7級	争
3級	了

7 二（に）

10級	五二
7級	井
4級	互
準2	亜

※元↓儿　天↓大　夫↓大　未↓木　示↓示

8 亠（なべぶた けいさんかんむり）

9級	京交
5級	亡
準2	享亭

9 人（ひと）

10級	人
7級	以

亻（にんべん）

10級	休
9級	何作体
8級	係仕使住他代倍
7級	位億健候佐借信側仲低伝働付便例

- 6級：仮価件個似修像停任備仏 保
- 5級：供傷仁値俳俵優
- 4級：依偉儀仰傾伺侵僧俗倒傍
- 3級：佳偶倹債催侍伸促伐伴伏 倣
- 準2：偽傑侯儒俊償仙但偵伯侮 併偏俸僕僚倫
- 2級：俺伎僅傲侶

※化→匕

𠆢（ひとやね）

- 9級：会今
- 7級：倉令
- 6級：余
- 4級：介
- 3級：企
- 準2：傘

※全→入　合→口　命→口　舎→舌　金→金
食→食　貪→貝

10 入（いる）

- 10級：入
- 9級：内
- 8級：全

11 儿（ひとあし にんにょう）

- 10級：先
- 9級：兄元光
- 7級：児兆
- 5級：党
- 3級：克免
- 準2：充

※売→士

12 八（はち）

- 10級：八
- 9級：公
- 4級：兼

𠆢 八（は）

- 10級：六
- 8級：具
- 7級：共典兵

※分→刀　呉→口　谷→谷

13 冂（どうがまえ けいがまえ まきがまえ）

- 10級：円
- 6級：再
- 5級：冊

※丹→丶　内→入　用→用　同→口　肉→肉
周→口　岡→山

14 冖（わかんむり）

- 8級：写
- 3級：冠冗
- 2級：冥

※軍→車

15 冫（にすい）

- 9級：冬
- 7級：冷
- 3級：凝凍
- 準2：准
- 2級：凄冶

※次→欠

16 几（つくえ）

- 5級：処
- 4級：凡

17 凵（うけばこ）

- 10級：出
- 4級：凶
- 準2：凹凸

※画→田　幽→幺　歯→歯

18 刀（かたな）

- 9級：切刀分
- 7級：初
- 5級：券
- 準2：刃

刂（りっとう）

- 9級：前
- 8級：列
- 7級：刷副別利
- 6級：刊制則判
- 5級：割劇刻創
- 4級：刈剣剤刺到
- 3級：刑削
- 準2：剛剰剖
- 2級：刹剥

19 力（ちから）

- 10級：力
- 8級：助勝動勉
- 7級：加功努勇労
- 6級：効勢務
- 5級：勤
- 4級：勧劣
- 3級：勘募励
- 準2：劾勲勅
- 2級：勃

※男→田　協→十

20 勹（つつみがまえ）

- 7級：包
- 2級：勾匂

※句→口　旬→日

21 匕（ひ）

- 9級：北
- 8級：化

※比→比　尼→尸　旨→日　壱→士　疑→疋

22 匚（はこがまえ）

- 3級：匠

23 匸（かくしがまえ）

- 8級：医区
- 4級：匹
- 3級：匿

24 十（じゅう）

- 10級：十千
- 9級：午南半
- 7級：協卒博
- 3級：卓卑
- 準2：升

※干→干　支→支　古→口　早→日　克→儿
辛→辛　直→目　阜→阜　単→⺍　真→目
索→糸　率→玄　章→立　幹→干　準→氵

25 卜（と うらない）

- 4級：占

※上→一　止→止　外→夕　卓→十　点→灬
貞→貝　赴→走

26 卩（わりふ ふしづくり）

- 7級：印
- 5級：卵

- 3級：卸
- 4級：却即

卩（わりふ ふしづくり）

- 5級：巻危

27 厂（がんだれ）

- 9級：原
- 6級：厚
- 3級：厘
- 準2：厄

※反→又　圧→土　灰→火　暦→日　歴→止

28 厶（む）

- 8級：去
- 7級：参

※公→八　台→口　弁→廾　怠→心　能→肉　鬼→鬼

29 又（また）

- 9級：友
- 8級：取受反
- 5級：収
- 4級：及
- 3級：双又
- 準2：叔叙

※支→支　皮→皮　隻→隹

30 口（くち）

- 10級：右口名
- 9級：古合台同
- 8級：員君向号商品命問和
- 7級：各器司周
- 6級：可喜句告史
- 5級：后善否
- 4級：含召唐
- 3級：哀吉啓哲吏
- 準2：呉嗣唇喪呈
- 2級：呂

※兄→儿　加→力　石→石　舌→舌　局→尸　谷→谷　足→足　知→矢

口（くちへん）

- 8級：味
- 7級：唱
- 5級：吸呼
- 4級：叫咲吹嘆吐噴
- 3級：喚喫嘱
- 準2：嚇喝吟唆唯
- 2級：咽唄嗅喉叱呪唾嘲哺喩

※鳴→鳥

31 囗（くにがまえ）

- 10級：四
- 9級：園回国図
- 7級：固
- 6級：囲因団
- 5級：困
- 4級：圏
- 準2：囚

32 土（つち）

- 10級：土
- 6級：圧基型在堂墓報
- 5級：垂
- 4級：堅執壁
- 3級：墾墜塗墨
- 準2：塾塑堕塁
- 2級：塞

※去→厶　寺→寸　至→至　赤→赤　走→走　幸→干

土（つちへん）

9級	8級	7級	6級	5級	4級	3級	準2	2級
場地	坂	塩埼城	境均増	域	壊堤塔坊	塊坑壇墳埋	垣堪壌塚坪培塀堀	堆塡

33 士（さむらい）

9級	6級	4級	準2
声売	士	壱	壮

※吉→口　志→心　喜→口

34 夂（すいにょう ふゆがしら）

9級	7級
夏	変

※冬→冫　処→几　各→口　条→木　麦→麦　愛→心　慶→心　憂→心

35 夕（ゆうべ た）

10級	9級	6級
夕	外多夜	夢

※名→口　死→歹

36 大（だい）

10級	9級	8級	7級	5級	4級	3級	準2	2級
大天	太	央	失奈夫	奏奮	奥奇	契奪奉	奨奔	爽

※犬→犬　戻→戸　美→羊　臭→自

37 女（おんな）

10級	8級	6級	5級	4級	3級	準2
女	委	妻	姿	威	婆	妥妄

※要→西

女（おんなへん）

9級	8級	7級	6級	4級	3級	準2	2級
姉妹	始	媛好	婦	婚姓奴妙娘	嫁娯如嬢婿姫妨	姻嫌娠嫡妊媒妃	嫉妬妖

38 子（こ）

10級	7級	5級
学子字	季	孝存

子（こへん）

7級	3級
孫	孤孔

39 宀（うかんむり）

9級	家室
8級	安寒客宮実守宿定
7級	害完官察富
6級	寄容
5級	宇宗宣宅宙宝密
4級	寂寝
3級	宴審
準2	寡寛宜宰宵寧寮
2級	宛

※字→子　案→木　塞→土　賓→貝　憲→心

40 寸（すん）

9級	寺
8級	対
6級	導
5級	射将寸専尊
4級	尋
3級	寿封
準2	尉

※耐→而　辱→辰　奪→大

41 小（しょう）

10級	小
9級	少

⺌（しょう）

9級	当
準2	尚

※光→儿　肖→肉　党→儿　堂→土　常→巾　掌→手　賞→貝

42 尢（だいのまげあし）

5級	就

43 尸（かばね しかばね）

8級	屋局
6級	居属
5級	尺層展届
4級	屈尽尾
3級	尿
準2	尼履
2級	尻

※刷→刂　昼→日　殿→殳

44 屮（てつ）

準2	屯

45 山（やま）

10級	山
9級	岩
8級	岸島
7級	岡
3級	岳崩
準2	崇
2級	嵐崖

※炭→火　密→宀

山（やまへん）

7級	岐崎
4級	峠峰
3級	峡
準2	岬

46 川（かわ）

10級	川
8級	州

※順→頁

巛（かわ）

- 4級：巡
- ※災→火

47 工（え たくみ）
- 10級：左
- 9級：工
- 7級：差
- 4級：巨
- ※貢→貝

工（たくみへん）
- 3級：巧
- ※功→力 攻→攵 項→頁

48 己（おのれ）
- 5級：己
- ※忌→心 改→攵 巻→㔾 紀→糸 記→言 起→走 配→酉

49 巾（はば）
- 9級：帰市
- 7級：希席帯
- 6級：師常布
- 5級：幕
- 3級：帝
- 準2：帥幣
- 2級：巾

巾（はばへん きんべん）
- 8級：帳
- 4級：幅帽
- 3級：帆

50 干（かん いちじゅう）
- 10級：年
- 8級：幸平
- 6級：幹
- 5級：干
- ※刊→刂

51 幺（よう いとがしら）
- 5級：幼
- 4級：幾
- 3級：幻幽

52 广（まだれ）
- 9級：広店
- 8級：庫庭度
- 7級：康底府
- 6級：序
- 5級：座庁
- 4級：床
- 3級：廉廊
- 準2：庶廃庸
- ※応→心 唐→口 席→巾 鹿→鹿 麻→麻 腐→肉 慶→心 摩→手 魔→鬼

53 廴（えんにょう）
- 7級：建
- 5級：延
- 準2：廷

54 廾（こまぬき にじゅうあし）
- 6級：弁
- 準2：弊
- 2級：弄
- ※鼻→鼻

55 弋（しきがまえ）
- 8級：式
- 4級：弐

56 弓（ゆみ）

9級	弓弱弟
準2	弔

弓（ゆみへん）

9級	引強
6級	張
4級	弾
3級	弧
準2	弦
2級	弥

57 彑（けいがしら）

2級	彙

58 彡（さんづくり）

9級	形
4級	影彩
3級	彫
準2	彰

59 彳（ぎょうにんべん）

9級	後
8級	待役
7級	径徒徳
6級	往得復
5級	従律
4級	御征徴彼微
3級	徐
準2	循徹

60 ⺍（つかんむり）

7級	巣単
6級	営
5級	厳

※労→力　学→子　栄→木　挙→手　覚→見　誉→言

61 心（こころ）

9級	思心
8級	悪意感急想息悲
7級	愛念必
6級	応志態
5級	恩憲忠忘
4級	恐恵恥怒慮恋惑
3級	慰忌愚憩慈怠憂
準2	患慶懸懇愁懲忍悠
2級	怨恣

忄（りっしんべん）

6級	快慣情性
4級	憶恒惨慎悩怖忙慢
3級	悦怪悔慨悟慌恨惜憎
準2	懐憾惰悼憤愉
2級	惧憬憧慄

⺗（したごころ）

3級	慕
準2	恭

62 戈（ほこづくり ほこがまえ）

7級	成戦
5級	我
4級	戒戯
2級	戚戴

※栽→木　裁→衣　賊→貝　載→車

63 戸（と）

9級	戸
8級	所

戸（とだれ　とかんむり）

4級	扇
3級	房
準2	扉　戻

※肩→肉　啓→口　雇→隹

64 手（て）

10級	手
9級	才
7級	挙
5級	承
4級	撃
3級	掌
準2	摩
2級	拳　摯

扌（てへん）

8級	指　持　拾　打　投
7級	折
6級	技　採　授　招　接　損　提
5級	拡　揮　捨　推　操　担　探　拝　批
4級	握　扱　援　押　拠　掘　抗　振　拓　抵　摘　拍　抜　搬　描　払　捕　抱
3級	掛　換　掲　携　拘　控　搾　撮　擦　摂　措　掃　択　抽　排　揚　揺　擁　抑
準2	拐　括　擬　拒　挟　拷　抄　据　拙　捜　挿　挑　撤　搭　把　披　扶　撲　抹
2級	挨　挫　拶　拭　捉　捗　捻　拉

65 支（し）

6級	支

※鼓→鼓

66 攵（のぶん　ぼくづくり）

9級	教　数
8級	整　放
7級	改　散　敗
6級	救　故　政
5級	敬　敵
4級	攻　敏　敷
3級	敢

※牧→牛　致→至　赦→赤　厳→⺍

67 文（ぶん）

10級	文
2級	斑

※対→寸　斉→斉　斎→斉

68 斗（とます）

7級	料
4級	斜
3級	斗

69 斤（きん）

3級	斤　斥

斤（おのづくり）

9級	新
6級	断
2級	斬

70 方（ほう）

9級	方

方（ほうへん　かたへん）

8級	族　旅
7級	旗
3級	施
準2	旋

※放→攵

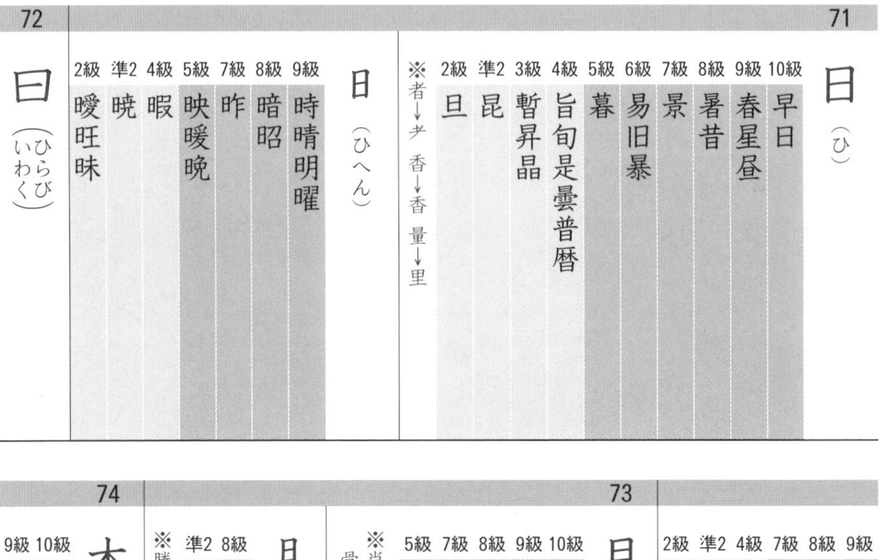

71 日（ひ）

10級	早日
9級	春星昼
8級	暑昔
7級	景
6級	易旧暴
5級	暮
4級	旨旬是曇普暦
3級	暫昇晶
準2	昆
2級	旦

※者→耂　香→香　量→里

日（ひへん）

9級	時晴明曜
8級	暗昭
7級	昨
5級	映暖晩
4級	暇
準2	暁
2級	曖旺昧

72 曰（ひらび いわく）

9級	書
8級	曲
7級	最
4級	更替冒
準2	曹
2級	曽

73 月（つき）

10級	月
9級	朝
8級	期有
7級	望
5級	朗

※肖育肩肯背脊腎→肉　青→青　前→刂　骨→骨

月（つきへん）

8級	服
準2	朕

※勝→力　謄→言　騰→馬

74 木（き）

10級	森木本
9級	楽東来
8級	業
7級	案栄果束梨末未
6級	査条
5級	染
4級	朱柔
3級	架棄桑某
準2	栽
2級	麓

※采→采　乗→ノ　巣→⺍　集→隹　禁→示

木（きへん）

10級	校村林
8級	横橋根植柱板様
7級	械機極材札松栃梅標
6級	桜格検構枝
5級	株机権樹棒枚模
4級	朽枯桃杯柄欄
3級	概棋楼
準2	核棺桟枢杉析栓槽棚棟朴　柳枠
2級	椅楷柿桁梗柵椎枕

※相→目

75 欠（あくび かける）

9級	8級	7級	5級	4級	3級	準2
歌	次	欠	欲	歓	欧欺	款

※軟→車　飲→食

76 止（とめる）

10級	9級	6級	4級
正	止歩	武歴	歳

※肯→肉　歯→歯

77 歹（かばねへん　いちたへん　がつへん）

8級	7級	4級	3級	準2
死	残	殖	殊	殉

※列→刂

78 殳（るまた　ほこづくり）

6級	5級	4級	3級	準2	2級
殺	段	殿	殴	殻	毀

※役→彳　投→扌　没→氵　穀→禾

79 母（なかれ）

9級	6級
母毎	毒

※貫→貝

80 比（ならびひ　くらべる）

6級
比

※皆→白

81 毛（け）

9級
毛

※尾→尸　耗→耒

82 氏（うじ）

7級
氏民

83 气（きがまえ）

10級
気

※汽→氵

84 水（みず）

10級	8級	7級	6級	5級
水	氷	求	永	泉

※尿→尸

氵（さんずい）

9級	8級	7級	6級	5級	4級
海活汽池	泳温漢決湖港消深注湯波油洋流	潟泣漁治滋清浅沖法満浴	液演河潔減混準測	沿激源済洗潮派	汚汗況沼浸沢濁淡澄沈滴添渡濃泊浜浮漫溶涙

（水 続き）

- 3級：滑湿潤瀬潜滞滝泌漂没滅濫浪漏湾
- 準2：浦渦涯渇渓江洪溝漆汁渋淑渉浄津漸濯漬泥洞漠沸泡涼
- 2級：淫潰沙汰溺氾汎湧沃

※酒→酉

氺（したみず）

- 準2：泰

85 火（ひ）

- 10級：火
- 8級：炭
- 6級：災
- 5級：灰
- 3級：炎

火（ひへん）

- 7級：焼灯
- 6級：燃
- 4級：煙燥爆
- 3級：炊炉
- 準2：煩

※畑→田

灬（れんが・れっか）

- 9級：点
- 7級：熊照然熱無
- 5級：熟
- 4級：為煮烈
- 3級：焦
- 2級：煎

※魚→魚　鳥→鳥　黒→黒　蒸→艹　勲→力　黙→黒

86 爪（つめ）

- 2級：爪

爫（つめかんむり・つめがしら）

- 準2：爵

※妥→女　受→又　采→釆　愛→心

87 父（ちち）

- 9級：父

88 片（かた）

- 5級：片

片（かたへん）

- 6級：版

89 牙（きば）

- 2級：牙

90 牛（うし）

- 9級：牛

牛（うしへん）

- 8級：物
- 7級：特牧
- 3級：犠牲

91 犬（いぬ）

- 10級：犬
- 6級：状
- 4級：獣
- 準2：献

※然→灬　黙→黒

犭（けものへん）

- 6級：独犯

- 4級　獲狂狭狩猛
- 3級　獄猟
- 準2　猿猫猶
- 2級　狙

92　玄（げん）
- 6級　率
- 4級　玄

93　玉（たま）
- 10級　玉
- 準2　璽
- 2級　璧

王（おう）
- 10級　王
- 準2　琴

※主→丶　全→入　呈→口　弄→廾　皇→白

王（おうへん／たまへん）
- 9級　理
- 8級　球
- 6級　現
- 5級　班
- 4級　環珍
- 準2　珠
- 2級　玩璃瑠

※斑→文

94　瓦（かわら）
- 準2　瓶
- 2級　瓦

95　甘（かん／あまい）
- 4級　甘
- 準2　甚

※某→木

96　生（うまれる）
- 10級　生
- 7級　産

97　用（もちいる）
- 9級　用

98　田（た）
- 10級　男田
- 9級　画番
- 8級　界申畑由
- 6級　留
- 5級　異
- 4級　畳
- 3級　甲畜
- 準2　畝
- 2級　畏畿

※思→心　胃→肉　累→糸　塁→土　奮→大

田（たへん）
- 10級　町
- 6級　略
- 3級　畔

99　疋（ひき）
- 5級　疑

⺪（ひきへん）
- 準2　疎

100　疒（やまいだれ）
- 8級　病
- 5級　痛
- 4級　疲療

- 3級　疾痘癖
- 準2　疫症痴癒痢
- 2級　痕痩瘍

101 癶（はつがしら）
- 8級　登発

102 白（しろ）
- 10級　白百
- 7級　的
- 5級　皇
- 4級　皆
- ※泉→水　習→羽

103 皮（けがわ）
- 8級　皮

104 皿（さら）
- 8級　皿
- 6級　益
- 5級　盛盟
- 4級　監盗盤盆

105 目（め）
- 10級　目
- 9級　直
- 8級　県真相
- 7級　省
- 5級　看
- 4級　盾
- 準2　督盲
- 2級　眉
- ※見→見　貝→貝　具→八

目（めへん）
- 6級　眼
- 4級　瞬眠
- 準2　睡眺
- 2級　瞳睦瞭

106 矛（ほこ）
- 4級　矛
- ※柔→木　務→力

107 矢（や）
- 9級　矢

矢（やへん）
- 9級　知
- 8級　短
- 準2　矯

108 旡（なし・ぶ・すでのつくり）
- 3級　既
- ※慨→忄　概→木

109 石（いし）
- 10級　石
- 準2　碁磨

石（いしへん）
- 8級　研
- 6級　確破
- 5級　砂磁
- 4級　砲
- 3級　硬礎碑
- 準2　砕硝礁硫

110 示（しめす）
- 8級　祭
- 7級　票
- 6級　禁示

常用漢字表
部首
参考資料
Q&A

111

ネ（しめすへん）

9級	8級	7級	6級	4級	3級	準2
社	神福礼	祝	祖	祈	祉	禍祥禅

※視→見

禾（のぎ）

4級
秀

禾（のぎへん）

9級	8級	7級	6級	5級	4級	3級	準2	2級
科秋	秒	種積	移税程	穀私秘	稿称稲	穏穫穂稚	稼租秩	稽

112

※利→刂　和→口

穴（あな）

5級
穴

穴（あなかんむり）

10級	8級	5級	4級	3級	準2	2級
空	究	窓	突	窒	窮窃窯	窟

113

立（たつ）

10級	8級	7級
立	章童	競

※辛→辛　音→音　竜→竜　意→心

立（たつへん）

4級
端

114

竹（たけ）

10級
竹

⺮（たけかんむり）

9級	8級	7級	6級	5級	4級	3級	準2	2級
算答	第笛等箱筆	管笑節	築	簡筋策	箇範	籍篤符簿	筒	箋箸籠

115

米（こめ）

9級
米

米（こめへん）

6級	5級	4級	3級	準2
精粉	糖	粒	粋粗粘糧	粧

※料→斗

116 糸（いと）

- 10級 糸
- 6級 素
- 5級 系
- 4級 紫繁
- 3級 緊
- 準2 繭索累

糸（いとへん）

- 9級 絵細紙線組
- 8級 級終緑練
- 7級 給結縄続約
- 6級 紀経織績絶総統編綿
- 5級 絹紅縦縮純納
- 4級 維緯縁繰継紹網紋絡
- 3級 緩絞綱紺繕締縛紛縫
- 準2 糾緒紳繊紡
- 2級 綻緻

117 缶（ほとぎ）

- 準2 缶

118 罒（あみがしら・あみめ・よこめ）

- 7級 置
- 6級 罪
- 5級 署
- 4級 罰
- 準2 罷羅
- 2級 罵

※買→貝

119 羊（ひつじ）

- 8級 着美羊
- 7級 群
- 6級 義
- 2級 羞羨

※養→食

120 羽（はね）

- 9級 羽
- 8級 習
- 5級 翌
- 4級 翼
- 3級 翻
- 準2 翁

※扇→戸

121 耂（おいかんむり・おいがしら）

- 9級 考
- 8級 者
- 7級 老

※孝→子

122 而（しかして・しこうして）

- 4級 耐

※需→雨

123 耒（すきへん・らいすき）

- 6級 耕
- 準2 耗

124 耳（みみ）

- 10級 耳
- 9級 聞
- 5級 聖

耳（みみへん）

- 6級 職
- 3級 聴

※取→又　恥→心

125 聿（ふでづくり）

9級	準2
	粛

※建↓廴 律↓彳 筆↓竹

126 肉（にく）

9級	8級	6級	5級	4級	3級	準2	2級
肉	育	能	胃背	肩腐膚	脅	肯肖	腎脊

※骨↓骨

月（にくづき）

6級	5級	4級	3級	準2	2級
肥脈	胸臓腸脳肺腹	脚脂脱胴肪腰腕	肝胎胆胞膨膜	肢肌	臆股腫腺膳膝肘脇

※豚↓豕

127 自（みずから）

9級	準2
自	臭

※息↓心 鼻↓鼻

128 至（いたる）

5級	4級
至	致

※到↓刂

129 臼（うす）

6級	2級
興	臼

130 舌（した）

6級	5級	4級
舎	舌	舗

※乱↓乚 辞↓辛

131 舟（ふね）

4級
舟

舟（ふねへん）

9級	6級	4級	準2	2級
船	航	般	艦艇舶	舷

132 艮（ねづくり こんづくり）

7級
良

※恨↓忄 限↓阝 根↓木

133 色（いろ）

9級	2級
色	艶

134 艹（くさかんむり）

10級	9級	8級	7級	5級	4級	3級
花草	茶	荷苦薬葉落	茨英芽芸菜	若蒸蔵著	芋菓荒芝薪蓄薄茂	華菊葬藩苗芳

- 準2：菌薫茎薦荘藻
- 2級：萎苛蓋葛芯藤蔽蔑藍
- ※募→力　墓→土　夢→夕　幕→巾　慕→⺗　暮→日　繭→糸

135 虍（とらがしら／とらかんむり）

- 3級：虐虚
- 準2：虞虜
- 2級：虎
- ※慮→心　膚→肉

136 虫（むし）

- 10級：虫
- 5級：蚕
- 3級：蛮
- 準2：蛍融
- 2級：蜜

虫（むしへん）

- 準2：蚊蛇
- 2級：虹蜂

137 血（ち）

- 8級：血
- 5級：衆

138 行（ぎょう）

- 9級：行

行（ぎょうがまえ／ゆきがまえ）

- 7級：街
- 6級：衛術
- 3級：衝
- 準2：衡

139 衣（ころも）

- 8級：表
- 7級：衣
- 6級：製
- 5級：裁装裏
- 4級：襲
- 3級：衰袋裂
- 準2：衷褒

衤（ころもへん）

- 6級：複
- 5級：補
- 4級：被
- 3級：裸
- 準2：褐襟裕
- 2級：袖裾
- ※初→刀

140 西（にし）

- 9級：西

襾（おおいかんむり）

- 7級：要
- 3級：覆
- 準2：覇
- ※票→示

141 見（みる）

- 10級：見
- 9級：親
- 7級：覚観
- 6級：規
- 5級：視覧
- ※現→⺩

142 臣（しん）

7級	臣
5級	臨

※堅→土　監→皿　緊→糸　賢→貝　覧→見

143 角（かく・つの）

9級	角

角（つのへん）

6級	解
4級	触

144 言（げん）

9級	言
5級	警
4級	誉
準2	誓謄

言（ごんべん）

9級	記計語読話
8級	詩談調
7級	課議訓試説
6級	許護講識謝証設評
5級	誤詞誌諸誠誕討認訪訳論
4級	詰誇詳訴謡
3級	詠該諮譲請託諾訂謀誘
準2	謁謹謙詐訟詔診譜諭
2級	諧詣詮誰諦謎訃

145 谷（たに）

9級	谷

※欲→欠

146 豆（まめ）

8級	豆
6級	豊

※頭→頁

147 豕（ぶた・いのこ）

6級	象
4級	豪
3級	豚

148 豸（むじなへん）

2級	貌

149 貝（かい・こがい）

10級	貝
9級	買
8級	負
7級	貨賀
6級	賛資質賞責貸費貧貿
5級	貴賃
3級	貫賢
準2	貢貞賓
2級	貪

※員→口

貝（かいへん）

6級	財貯
4級	贈販賦
3級	賊
準2	購賜賠賄
2級	貼賭賂

※則→刂　敗→攵

150 赤（あか）

10級	赤

3級 赦

151 **走**（はしる）
- 9級 走

走（そうにょう）
- 8級 起
- 4級 越趣
- 3級 超赴

152 **足**（あし）
- 10級 足

⻊（あしへん）
- 8級 路
- 4級 距跡跳踏躍踊
- 準2 践
- 2級 蹴踪

153 **身**（み）
- 8級 身
- ※射→寸

154 **車**（くるま）
- 10級 車
- 7級 軍
- 4級 輝載輩
- ※撃→手　暫→日

車（くるまへん）
- 8級 軽転
- 7級 輪
- 6級 輸
- 4級 較軒
- 3級 軌軸
- 準2 轄軟

155 **辛**（からい）
- 7級 辞
- 3級 辛
- 2級 辣

156 **辰**（しんのたつ）
- 8級 農
- 3級 辱
- ※娠→女　振→扌　震→雨

157 **辶**（しんにょう／しんにゅう）
- 9級 遠近週通道
- 8級 運進送速追返遊
- 7級 選達辺連
- 6級 過逆述造適迷
- 5級 遺退
- 4級 違迎遣込遅途逃透迫避
- 3級 遇導遂遭逮
- 準2 逸還遮迅逝遷逐逓迭遍
- ※巡→巛

⻍（しんにょう／しんにゅう）
- 2級 遡遜

158 **阝**（おおざと）
- 8級 都部
- 7級 郡
- 5級 郷郵
- 4級 郎
- 3級 郭郊邪邦
- 準2 邸
- 2級 那

159 **酉**（ひよみのとり）

8級	酒

酉（とりへん）

8級	配
6級	酸
3級	酵 酔
準2	酷 酢 酌 酬 醜 醸 酪
2級	醒 酎

160 釆（のごめ）

2級	采

釆（のごめへん）

4級	釈

161 里（さと）

9級	里
8級	重
7級	量

※黒→黒　童→立　墨→土　黙→黒

里（さとへん）

9級	野

162 舛（まいあし）

4級	舞

163 麦（むぎ）

9級	麦

麦（ばくにょう）

2級	麺

164 金（かね）

10級	金
2級	釜

金（かねへん）

8級	銀 鉄
7級	鏡 録
6級	鉱 銅
5級	鋼 針 銭
4級	鋭 鉛 鑑 鎖 鈍
3級	錯 鐘 錠 鍛 鋳 鎮 錬
準2	銃 釣 鉢 銘 鈴
2級	鎌 錦 鍵 錮 鍋

165 長（ながい）

9級	長

166 門（もん）

9級	門

門（もんがまえ）

9級	間
8級	開
7級	関
5級	閣 閉
4級	闘
3級	閲
準2	閑 閥
2級	闇

※問→口　聞→耳

167 阜（おか）

7級	阜

阝（こざとへん）

8級	院 階 陽

7級	6級	5級	4級	3級	準2	2級	168 隶（れいづくり）	4級	169 隹（ふるとり）	8級	6級	5級	4級	3級	※唯→口 焦→灬	170 雨（あめ）	10級	雨（あめかんむり）	9級
隊阪陸	険限際防	降除障陛	陰隠陣隣	隔随阻陳陶陪隆陵	陥隅附	隙		隷		集	雑	難	雅雌雄離	雇隻			雨		雲雪電

4級	3級	準2	171 青（あお）	10級	7級	172 非（あらず ひ）	6級	173 斉（せい）	準2	174 面（めん）	8級	175 革（かくのかわ つくりがわ）	5級	革（かわへん）	準2
需震霧雷露	零霊	霜雰		青	静		非		斎斉		面		革		靴

176 音（おと）	10級	4級	準2	177 頁（おおがい）	9級	8級	7級	6級	5級	4級	3級	準2	2級	※煩→火	178 風（かぜ）	9級	179 飛（とぶ）	7級
	音	響	韻		顔頭	題	願順類	額領	頂預	項頼	顧	頑顕頒頻	顎頃須頓煩			風		飛

番号	部首（読み）	級	漢字
180	食（しょく）	9級	食
		7級	養
	飠（しょくへん）	8級	飲 館
		7級	飯
		6級	飼
		4級	飾
		3級	餓 飽
		準2	飢
	𩙿（しょくへん）	2級	餌 餅
181	首（くび）	9級	首
182	香（か／かおり）	7級	香
183	馬（うま）	9級	馬
		4級	驚
		準2	騰
	馬（うまへん）	8級	駅
		7級	験
		4級	駆 騒
		3級	騎 駐
		準2	駄
		2級	駒
184	骨（ほね）	5級	骨
	骨（ほねへん）	3級	髄
		2級	骸
185	高（たかい）	9級	高
186	髟（かみがしら）	4級	髪
187	鬯（ちょう）	2級	鬱
188	鬼（おに）	4級	鬼
		3級	魂 魔
		※	醜→酉
	鬼（きにょう）	3級	魅
189	韋（なめしがわ）	2級	韓
190	竜（りゅう）	準2	竜
191	魚（うお）	9級	魚
	魚（うおへん）	4級	鮮
		3級	鯨

番号	部首	読み	級	漢字
192	鳥	（とり）	9級	鳥 鳴
			3級	鶏
			2級	鶴
193	鹿	（しか）	7級	鹿
			4級	麗
194	麻	（あさ）	準2	麻
				※摩→手　磨→石　魔→鬼
195	黄	（き）	9級	黄
196	黒	（くろ）	9級	黒
			4級	黙
				※墨→土
197	亀	（かめ）	2級	亀
198	歯	（は）	8級	歯
	歯	（はへん）	4級	齢
199	鼓	（つづみ）	4級	鼓
200	鼻	（はな）	8級	鼻

参考資料

現代仮名遣い

内閣告示「現代仮名遣い」（昭和61年、平成22年一部改正）による。

本文

凡例

1 原則に基づくきまりを第1に示し、表記の慣習による特例を第2に示した。

2 例は、おおむね平仮名書きとし、適宜、括弧内に漢字を示した。常用漢字表に掲げられていない漢字及び音訓には、それぞれ＊印及び△印をつけた。

第1

語を書き表すのに、現代語の音韻に従って、次の仮名を用いる。

ただし、傍線を施した仮名は、第2に示す場合にだけ用いるものである。

1 直音

あいうえお　かきくけこ　さしすせそ
たちつてと　なにぬねの　はひふへほ
まみむめも　や　ゆ　よ　らりるれろ
わ　　を
がぎぐげご　ざじずぜぞ
だぢづでど　ばびぶべぼ　ぱぴぷぺぽ

例　あさひ（朝日）　きく（菊）　さくら（桜）
ついやす（費）　にわ（庭）　ふで（筆）　もみじ（紅葉）
ゆずる（譲）　れきし（歴史）　わかば（若葉）
えきか（液化）　せいがくか（声楽家）
さんぽ（散歩）

2 拗（よう）音

きゃ　きゅ　きょ　しゃ　しゅ　しょ
ちゃ　ちゅ　ちょ　にゃ　にゅ　にょ
ひゃ　ひゅ　ひょ　みゃ　みゅ　みょ
りゃ　りゅ　りょ　ぎゃ　ぎゅ　ぎょ
じゃ　じゅ　じょ　ぢゃ　ぢゅ　ぢょ
びゃ　びゅ　びょ　ぴゃ　ぴゅ　ぴょ

例　しゃかい（社会）　しゅくじ（祝辞）
かいじょ（解除）　りゃくが（略画）
〔注意〕拗音に用いる「や、ゆ、よ」は、なるべく小書きにする。

3　撥音
ん
例　まなんで（学）　みなさん
しんねん（新年）　しゅんぶん（春分）

4　促音
っ
例　はしって（走）　かっき（活気）
がっこう（学校）　せっけん（石鹼＊）
〔注意〕促音に用いる「つ」は、なるべく小書きにする。

5　長音
(1)　ア列の長音
ア列の仮名に「あ」を添える。
例　おかあさん　おばあさん

(2)　イ列の長音
イ列の仮名に「い」を添える。
例　にいさん　おじいさん

(3)　ウ列の長音
ウ列の仮名に「う」を添える。
例　おさむうございます（寒）　くうき（空気）
ふうふ（夫婦）
うれしゅう存じます　きゅうり
ぼくじゅう（墨汁）　ちゅうもん（注文）

(4)　エ列の長音
エ列の仮名に「え」を添える。
例　ねえさん　ええ（応答の語）

(5)　オ列の長音
オ列の仮名に「う」を添える。
例　おとうさん　とうだい（灯台）
わこうど（若人）　おうむ
かおう（買）　あそぼう（遊）　おはよう（早）
おうぎ（扇）　ほうる（放）　とう（塔）
よいでしょう　はっぴょう（発表）
きょう（今日）　ちょうちょう（蝶＊々）

第２
特定の語については、表記の慣習を尊重して、次のように書く。

1　助詞の「を」は、「を」と書く。

例　本を読む　岩をも通す　失礼をばいたしました
やむをえない　いわんや…をや　よせばよいものを
てにをは

2　助詞の「は」は、「は」と書く。

例　今日は日曜です　山では雪が降りました
あるいは　または　もしくは
いずれは　さては　ついては　ではさようなら
とはいえ
惜しむらくは　恐らくは　願わくは
これはこれは　こんにちは　こんばんは
悪天候もものかは

〔注意〕次のようなものは、この例にあたらないものとする。

いまわの際　すわ一大事
雨も降るわ風も吹くわ　来るわ来るわ　きれいだわ

3　助詞の「へ」は、「へ」と書く。

例　故郷へ帰る　…さんへ　母への便り　駅へは数分

4　動詞の「いう（言）」は、「いう」と書く。

例　ものをいう（言）　いうまでもない
昔々あったという
どういうふうに　人というもの　こういうわけ

5　次のような語は、「ぢ」「づ」を用いて書く。

(1)　同音の連呼によって生じた「ぢ」「づ」

例　ちぢみ（縮）　ちぢむ　ちぢれる　ちぢこまる
つづみ（鼓）　つづら　つづく（続）
つづめる（約△）　つづる（綴＊）

〔注意〕「いちじく」「いちじるしい」は、この例にあたらない。

(2)　二語の連合によって生じた「ぢ」「づ」

例　はなぢ（鼻血）　そえぢ（添乳）　もらいぢち

そこぢから（底力）　ひぢりめん
いれぢえ（入知恵）　ちゃのみぢゃわん
まぢか（間近）　こぢんまり
ちかぢか（近々）　ちりぢり
みかづき（三日月）　たけづつ（竹筒）
たづな（手綱）　ともづな　にいづま（新妻）
けづめ　ひづめ　ひげづら
　おこづかい（小遣）　あいそづかし　わしづかみ
こころづくし（心尽）　てづくり（手作）
こづつみ（小包）　ことづて　はこづめ（箱詰）
はたらきづめ　みちづれ（道連）
　かたづく　こづく（小突）　どくづく　もとづく
うらづける　ゆきづまる　ねばりづよい
　つねづね（常々）　つくづく　つれづれ

なお、次のような語については、現代語の意識では一般に二語に分解しにくいもの等として、それぞれ「じ」「ず」を用いて書くことを本則とし、「せかいぢゅう」「いなづま」のように「ぢ」「づ」を用いて書くこともできるものとする。

例　せかいじゅう（世界中）
いなずま（稲妻）　かたず（固唾）　きずな（絆＊）
さかずき（杯）　ときわず　ほおずき　みみずく
うなずく　おとずれる（訪）　かしずく　つまずく
ぬかずく　ひざまずく
あせみずく　くんずほぐれつ　さしずめ
でずっぱり　なかんずく
うでずく　くろずくめ　ひとりずつ
ゆうずう（融通）

〔注意〕次のような語の中の「じ」「ず」は、漢字の音読みでもともと濁っているものであって、上記(1)、(2)のいずれにもあたらず、「じ」「ず」を用いて書く。

例　じめん（地面）　ぬのじ（布地）
ずが（図画）　りゃくず（略図）

6　**次のような語は、オ列の仮名に「お」を添えて書く。**

例　おおかみ　おおせ（仰）　おおやけ（公）
こおり（氷・郡△）　こおろぎ　ほお（頰・朴△）
ほおずき　ほのお（炎）　とお（十）

いきどおる（憤）　おおう（覆）　こおる（凍）

しおおせる　とおる（通）　とどこおる（滞）

もよおす（催）

いとおしい　おおい（多）　おおきい（大）

とおい（遠）

おおむね　おおよそ

これらは、歴史的仮名遣いでオ列の仮名に「ほ」又は「を」が続くものであって、オ列の長音として発音されるか、オ・オ、コ・オのように発音されるかにかかわらず、オ列の仮名に「お」を添えて書くものである。

付記

次のような語は、エ列の長音として発音されるか、エイ、ケイなどのように発音されるかにかかわらず、エ列の仮名に「い」を添えて書く。

例　かれい　せい（背）

かせいで（稼）　まねいて（招）　春めいて

へい（塀）　めい（銘）　れい（例）

えいが（映画）　とけい（時計）　ていねい（丁寧）

送り仮名の付け方

内閣告示「送り仮名の付け方」（昭和48年、昭和56年・平成22年一部改正）による。

告示本文の見方と使い方

◆本文の構成

- 単独の語
  - 活用のある語 …… 通則1、通則2
  - 活用のない語 …… 通則3、通則4、通則5
- 複合の語 …… 通則6、通則7
- 付表の語

◆用語の意味

○**単独の語**とは、漢字の音又は訓を単独に用いて、漢字一字で書き表す語をいう。

○**複合の語**とは、漢字の訓と訓、音と訓などを複合させ、漢字二字以上を用いて書き表す語をいう。

○**付表の語**とは、「常用漢字表」の付表に掲げてある語のうち、送り仮名の付け方が問題となる語をいう。

○**通則**とは、「送り仮名の付け方」の基本的な法則をいい、各通則には、〔本則〕のほか、必要に応じて〔例外〕〔許容〕がある。

〔本則〕 「送り仮名の付け方」の基本法則。

〔例外〕 本則に合わない送り仮名の付け方が、慣用として一定しているもの。また、読み間違いを避けるために、本則に合わない送り仮名の付け方で慣用の認められるもの。

〔許容〕 本則による形とともに、慣用として行われていると認められるものであって、本則以外に、これによってよいもの。

※各通則において、送り仮名の付け方が許容によることのできる語については、本則又は許容のいずれに従ってもよいが、個々の語に適用するに当たって、許容に従ってよいかどうか判断し難い場合には、本則によるものとする。

単独の語

1　活用のある語

通則1

本則　活用のある語（通則2を適用する語を除く。）は、活用語尾を送る。

〔例〕　憤る　承る　書く　実る　催す
生きる　陥れる　考える　助ける
荒い　潔い　賢い　濃い
主だ

例外
(1)　語幹が「し」で終わる形容詞は、「し」から送る。

〔例〕　著しい　惜しい　悔しい　恋しい　珍しい

(2)　活用語尾の前に「か」、「やか」、「らか」を含む形容動詞は、その音節から送る。

〔例〕　暖かだ　細かだ　静かだ
穏やかだ　健やかだ　和やかだ
明らかだ　平らかだ　滑らかだ　柔らかだ

(3)　次の語は、次に示すように送る。
明らむ　味わう　哀れむ　慈しむ　教わる
脅かす　関わる　食らう　異なる　逆らう
捕まる　群がる　和らぐ　揺する
明るい　危ない　危うい　大きい　少ない
小さい　冷たい　平たい
新ただ　同じだ　盛んだ　平らだ　懇ろだ
惨めだ
哀れだ　幸いだ　幸せだ　巧みだ

許容　次の語は、（　）の中に示すように、活用語尾の前の音節から送ることができる。
表す（表わす）　著す（著わす）
現れる（現われる）　行う（行なう）
断る（断わる）　賜る（賜わる）

（注意）語幹と活用語尾との区別がつかない動詞は、例えば、「着る」、「寝る」、「来る」などのように送る。

通則2

本則　活用語尾以外の部分に他の語を含む語は、含まれている語の送り仮名の付け方によって送る。（含まれている語を〔　〕の中に示す。）

〔例〕

(1) 動詞の活用形又はそれに準ずるものを含むもの。

動かす〔動く〕　照らす〔照る〕
語らう〔語る〕　計（はか）らう〔計る〕
向かう〔向く〕
浮かぶ〔浮く〕
生まれる〔生む〕　押さえる〔押す〕
捕らえる〔捕る〕
勇ましい〔勇む〕　輝かしい〔輝く〕
喜ばしい〔喜ぶ〕
晴れやかだ〔晴れる〕
及ぼす〔及ぶ〕　積もる〔積む〕
聞こえる〔聞く〕
頼（たの）もしい〔頼む〕
起こる〔起きる〕　落とす〔落ちる〕
暮らす〔暮れる〕　冷やす〔冷える〕
当たる〔当てる〕　終わる〔終える〕　変わる〔変える〕　集まる〔集める〕　定まる〔定める〕
連（つら）なる〔連ねる〕　交わる〔交える〕
混ざる・混じる〔混ぜる〕
恐ろしい〔恐れる〕

(2) 形容詞・形容動詞の語幹を含むもの。

重んずる〔重い〕　若やぐ〔若い〕
怪しむ〔怪しい〕　悲しむ〔悲しい〕
苦しがる〔苦しい〕
確かめる〔確かだ〕
重たい〔重い〕　憎（にく）らしい〔憎い〕
古めかしい〔古い〕
細（こま）かい〔細かだ〕　柔（やわ）らかい〔柔らかだ〕
清らかだ〔清い〕　高らかだ〔高い〕
寂（さび）しげだ〔寂しい〕

(3) 名詞を含むもの。

汗ばむ〔汗〕　先んずる〔先〕　春めく〔春〕
男らしい〔男〕　後ろめたい〔後ろ〕

許容　読み間違えるおそれのない場合は、活用語尾以外の部分について、次の（　）の中に示すように、送り仮名を省くことができる。

〔例〕浮かぶ（浮ぶ）　生まれる（生れる）
押さえる（押える）　捕らえる（捕える）
晴れやかだ（晴やかだ）
積もる（積る）　聞こえる（聞える）
起こる（起る）　落とす（落す）
暮らす（暮す）　当たる（当る）
終わる（終る）　変わる（変る）

（注意）次の語は、それぞれ〔　〕の中に示す語を含むものとは考えず、通則1によるものとする。
明るい〔明ける〕　荒い〔荒れる〕
悔しい〔悔いる〕　恋しい〔恋う〕

2活用のない語

通則3

本則　名詞（通則4を適用する語を除く。）は、送り仮名を付けない。

〔例〕月　鳥　花　山
男　女
彼　何

例外

(1) 次の語は、最後の音節を送る。
辺り　哀れ　勢い　幾ら　後ろ　傍ら　幸い
幸せ　互い　便り　半ば　情け　斜め
独り　誉れ　自ら　災い

(2) 数をかぞえる「つ」を含む名詞は、その「つ」を送る。

〔例〕一つ　二つ　三つ　幾つ

通則4

本則　活用のある語から転じた名詞及び活用のある語に「さ」、「み」、「げ」などの接尾語が付いて名詞になったものは、もとの語の送り仮名の付け方によって送る。

〔例〕

(1) 活用のある語から転じたもの。
動き　仰せ　恐れ　薫り　曇り　調べ　届け
願い　晴れ

当たり　代わり　向かい
狩り　答え　問い　祭り　群(む)れ
憩(いこ)い　愁(うれ)い　憂(うれ)い　香(かお)り　極(きわ)み　初め
近く　遠く

(2)「さ」、「み」、「げ」などの接尾語が付いたもの。
暑さ　大きさ　正しさ　確かさ
明るみ　重み　憎(にく)しみ
惜しげ

例外　次の語は、送り仮名を付けない。
謡　虞(おそれ)　趣　氷　印　頂(いただき)　帯　畳
卸　煙　恋　志　次　隣　富　恥　話
光　舞
折　係　掛(かかり)　組　肥(こえ)　並(なみ)　巻　割

(注意)ここに掲げた「組」は、「花の組」、「赤の組」などのように使った場合の「くみ」であり、例えば、「活字の組みがゆるむ。」などとして使う場合の「くみ」を意味するものではない。「光」、「折」、「係」なども、同様に動詞の意識が残っているような使い方の場合は、この例外に該当しない。したがって、本則を適用して送り仮名を付ける。

許容　読み間違えるおそれのない場合は、次の（　）の中に示すように、送り仮名を省くことができる。

〔例〕曇り(曇)　届け(届)　願い(願)　晴れ(晴)
当たり(当り)　代わり(代り)　向かい(向い)
狩り(狩)　答え(答)　問い(問)　祭り(祭)
群れ(群)
憩(いこ)い(憩)

通則5

本則　副詞・連体詞・接続詞は、最後の音節を送る。

〔例〕必ず　更(さら)に　少し　既に　再び　全(まった)く　最も
来(きた)る　去る
及び　且(か)つ　但(ただ)し

例外

(1)次の語は、次に示すように送る。
明くる　大いに　直(ただ)ちに　並(なら)びに　若(も)しくは

(2)次の語は、送り仮名を付けない。
又

(3) 次のように、他の語を含む語は、含まれている語の送り仮名の付け方によって送る。（含まれている語を〔　〕の中に示す。）

〔例〕 併(あわ)せて〔併せる〕　至って〔至る〕　恐らく〔恐れる〕　従って〔従う〕　絶えず〔絶える〕　例えば〔例える〕　努(つと)めて〔努める〕　辛(かろ)うじて〔辛い〕　少なくとも〔少ない〕　互いに〔互い〕　必ずしも〔必ず〕

複合の語

通則6

本則　複合の語（通則7を適用する語を除く。）の送り仮名は、その複合の語を書き表す漢字の、それぞれの音訓を用いた単独の語の送り仮名の付け方による。

〔例〕

(1) 活用のある語

書き抜く　流れ込む　申し込む　打ち合わせる　向かい合わせる　長引く　若返(わかがえ)る　裏切る　旅立つ　聞き苦しい　薄暗い　草深い　心細い　待ち遠しい　軽々しい　若々しい　女々(めめ)しい　気軽だ　望み薄だ

(2) 活用のない語

石橋　竹馬　山津波　後ろ姿　斜め左　花便(だよ)り　独り言　卸商　水煙(みずけむり)　目印　田植え　封切り　物知り　落書き　雨上がり　墓参り　日当たり　夜明かし　先駆(さきが)け　巣立ち　手渡し　入り江　飛び火　教え子　合わせ鏡　生き物　落ち葉　預かり金　寒空　深情け　愚か者　行き帰り　伸び縮み　乗り降り　抜(ぬ)け駆(が)け　作り笑い　暮らし向き　売り上げ　取り扱(あつか)い　乗り換え　引き換え　歩み寄り　申し込み　移り変わり　長生き　早起き　苦し紛(まぎ)れ　大写(おおうつ)し　粘(ねば)り強さ　有り難(がた)み　待ち遠しさ

乳飲み子　無理強い　立ち居振る舞い
呼び出し電話
次々　常々
近々　深々
休み休み　行く行く

許容　読み間違えるおそれのない場合は、次の（　）の中に示すように、送り仮名を省くことができる。

〔例〕書き抜く（書抜く）　申し込む（申込む）　打ち合わせる（打ち合せる・打合せる）　向かい合わせる（向い合せる）　聞き苦しい（聞苦しい）　待ち遠しい（待遠しい）
田植え（田植）　封切り（封切）　落書き（落書）　雨上がり（雨上り）　日当たり（日当り）　夜明かし（夜明し）
入り江（入江）　飛び火（飛火）　合わせ鏡（合せ鏡）　預かり金（預り金）
抜け駆け（抜駆け）　暮らし向き（暮し向き）
売り上げ（売上げ・売上）　取り扱い（取扱い・取扱）　乗り換え（乗換え・乗換）　引き換え（引換え・引換）　申し込み（申込み・申込）　移り変わり（移り変り）
有り難み（有難み）　待ち遠しさ（待遠しさ）
立ち居振る舞い（立ち居振舞い・立ち居振舞・立居振舞）　呼び出し電話（呼出し電話・呼出電話）

（注意）「こけら落とし（こけら落し）」、「さび止め」、「洗いざらし」、「打ちひも」のように、前又は後ろの部分を仮名で書く場合は、他の部分については、単独の語の送り仮名の付け方による。

通則7　複合の語のうち、次のような名詞は、慣用に従って、送り仮名を付けない。

〔例〕
(1)　特定の領域の語で、慣用が固定していると認められるもの。
ア　地位・身分・役職等の名。
関取　頭取　取締役　事務取扱
イ　工芸品の名に用いられた「織」、「染」、「塗」等。

《博多》織　《型絵》染　《春慶》塗
《鎌倉》彫　《備前》焼

ウ　その他。

書留　気付　切手　消印　小包　振替（ふりかえ）　切符
踏切
請負　売値　買値　仲買　歩合（ぶあい）　両替　割引
組合　手当
倉敷料（くらしきりょう）　作付面積
売上《高》　貸付《金》　借入《金》　繰越《金》
小売《商》　積立《金》　取扱《所》　取扱《注意》
取次《店》　取引《所》　乗換《駅》　乗組《員》
引受《人》　引受《時刻》　引換《券》　《代金》引換　振出《人》　待合《室》　見積《書》　申込《書》

(2)　一般に、慣用が固定していると認められるもの。

奥書（おくがき）　木立（こだち）　子守　献立　座敷　試合　字引
場合　羽織　葉巻　番組　番付　日付　水引
物置　物語　役割　屋敷　夕立　割合
合図　合間　植木　置物　織物　貸家　敷石
敷地　敷物　立場　建物　並木　巻紙
受付　受取
浮世絵　絵巻物　仕立屋

（注意）

(1)　「《博多》織」、「売上《高》」などのようにして掲げたものは、《　》の中を他の漢字で置き換えた場合にも、この通則を適用する。

(2)　通則7を適用する語は、例として挙げたものだけで尽くしてはいない。したがって、慣用が固定していると認められる限り、類推して同類の語にも及ぼすものである。通則7を適用してよいかどうか判断し難い場合には、通則6を適用する。

付表の語

「常用漢字表」の「付表」に掲げてある語のうち、送り仮名の付け方が問題となる次の語は、次のようにする。

1　次の語は、次に示すように送る。

浮（うわ）つく　お巡（まわ）りさん　差（さ）し支（つか）える　立ち退（の）く
手伝う　最寄（もよ）り

なお、次の語は、（　）の中に示すように、送り仮名を省くことができる。

差(さ)し支(つか)える（差支える）　立ち退(の)く（立退く）

2　次の語は、送り仮名を付けない。

息吹(いぶき)　桟敷　時雨　築山　名残(なごり)　雪崩(なだれ)　吹雪

迷子(まいご)　行方(ゆくえ)

筆順の原則

文部省『筆順指導の手びき』（昭和33年）「4、本書の筆順の原則」による。

大原則1　上から下へ

『上から下へ（上の部分から下の部分へ）書いていく。』

a．上の点画から書いていく。

三（一 二 三）言

工（一 丅 工）

b．上の部分から書いていく。

喜（士 吉 吉 壴 喜）

客（宀 安 客）

築（竺 筑 築）

大原則2　左から右へ

『左から右へ（左の部分から右の部分へ）書いていく。』

a．左の点画から書いていく。

川（丿 川 川）順 州

学（丶 ⺍ ⺍）挙 魚
1 2 3 4

帯（一 卄 卅 卌）

b．左の部分から書いていく。

脈（⺼ 𠂢 脈）

竹（⺮ 竹）羽

△へんがさきで、つくりがあと。（この部類の漢字が最も多い。）

休（亻 休）林 語

△三つの部分の左から。

例（亻仢例）側湖術

原則1　横画がさき

『横画と縦画とが交差する場合は、ほとんどの場合、横画をさきに書く。』

（横画があとになるのは原則2の場合）

a．横・縦の順

十（一十）計古支草

土（一十土）圧至舎周

士（一十士）志吉喜

△縦が交差した後にまがっても

七（一七）切

大（一ナ大）太

△前後に他の点画が加わっても

告（ノ𠂉牛生）先任庭

木（一十木）述

寸（一寸寸）寺

b．横・縦・縦の順

△あとに書く縦画が二つになっただけ。

共（一艹廾）散港

編（冂冂冊）

花（一艹）荷

算（一廾）形鼻

△縦画が三つ以上になっても

帯（一十卄卌）

無（𠂉 無 無）

c. 横・横・縦の順

△さきに書く横画が二つになっただけ。

用（冂 月 用）通

△前後に他の点画が加わっても

末未妹

△横画が三つ以上になっても

耕（三 丰 耒）

△縦画が交差した後まがっても

夫（二 夫 夫）春実

d. 横・横・縦・縦の順

△横・縦ともに二つになったもの

耕（二 井）囲

原則2　横画があと

『横画と縦画とが交差したときは、次の場合に限って、横画をあとに書く。』

a. 田

田（冂 冂 田 田）男異町細

b. 田の発展したもの

由（冂 巾 由 由）油黄横画

曲（冂 巾 曲 曲 曲）豊農

角（⺈ 冂 用 用）解

再（冂 冂 再 再）構

c. 王

王（一 丅 干 王）玉主美差義

d．王の発展したもの

(イ)中の横画が二つになっても

王（一 丅 干 王）

進（亻 什 隹 隹）雑集確観

(ロ)縦画が上につきぬけても

馬（厂 ΙΠ 臣 馬）駅

主（一 十 主 主）生麦表清星

(ハ)縦画が二つになっても

龷（一 十 卄 廾 龷）寒構

原則3　中がさき

『中と左右があって、左右が一、二画である場合は、中をさきに書く。』

小（亅 小 小）少京示宗糸細

当（丨 丬 ⺌）光常

水（亅 才 水）氷永

氺（亅 ⺘ 氺）緑暴

𠂉（亻 𠂉 𠂉）衆

△中が二本になっても

業（丨丨 丨丨丨 业 业）

赤（丿 丿丨 𣥂）変

△中が少し複雑になっても

楽（白 泊 泊）薬

承（了 手 承）率

〔例外〕原則3には、二つの例外がある。

忄（丶 丷 忄）性

火（丷 火）火秋炭焼

原則4　外側がさき

『くにがまえのように囲む形をとるものは、さきに書く。』

国（冂国国）因

同（冂同）円

内（冂内）肉納

司（𠃌司）詞羽

◬「日」や「月」なども、これに含まれると考えてよい。

日月目田

注「区」は次のように書く。「医」も同じ。

区（一 㐅 区）

原則5　左払いがさき

『左払いと右払いとが交差する場合は、左払いをさきに書く。』

文（亠 ナ 文）父故支収処

◬左払いと右払いとが接した場合も同じ。

人入欠金

原則6　つらぬく縦画は最後

『字の全体をつらぬく縦画は、最後に書く。』

中（口中）申神車半事建

△下の方がとまっても

書（聿聿）妻

△上の方がとまっても

平（丷平）評羊洋達拝

手（三手）争

△上にも、下にも、つきぬけない縦画は、上部・縦画・下部の順で書く。

里（曰甲里）野黒

重（亖重重）動

謹（廿芔堇）勤

注「堇」と「菓」との違い

漢（廿苎莫）難

原則7　つらぬく横画は最後

『字の全体をつらぬく横画は、最後に書く。』

女（く女）安努

子（了子）字存

母毎海慣

舟舟船　与

注　世だけは違う。

世（一廿世）

原則8　横画と左払い

『横画が長く、左払いが短い字では、左払いをさきに書く。』

右（ノナ右）有布希

『横画が短く、左払いが長い字では、横画をさきに書く。』

左（一ナ左）友在存抜

特に注意すべき筆順

以下は、原文に若干の編集を施している。

Ⓐ 広く用いられる筆順が二つ以上あるものについて

1 (A)の字は、もともと㋑の筆順だけである。(B)の字は㋑も㋺も行われるが、ここでは(A)にあわせて、㋑をとる。

(A)止正足走武
（丨ト）……㋑

(B)上点店
（丨ト）……㋑
（一ト）……㋺

2 「耳」(a)は㋑の筆順が普通である。みみへん(b)は㋑も㋺も行われるが、ここでは(a)にあわせて、㋑をとる。

(a)耳（𠃊耳）……㋑

(b)取最職厳
（𠃊耳）……㋑
（丌耳）……㋺

3 「必」の筆順は、いろいろあるが、㋩は熟しておらず、㋺よりも㋑が形をとりやすいので、ここでは㋑をとる。

必
（丶ソ乂必必）…㋑
（ノ乂乂必必）…㋺
（心必）……㋩
その他

4 はつがしらの筆順は、いろいろあるが、ここでは、左半と対称的で、かつ最も自然な㋑をとる。
注 「祭」のかしらは、原則5によって、下の筆順になる。

発登
（癶）……㋑
（癶）……㋺
（癶）……㋩

祭（⺼𠫓）

5「感」の筆順には、㋑と㋺があるが、ここでは、常用漢字表の字体と一致し、大原則1にそう㋑をとる。

注「盛」も同じである。

6「馬」の筆順には、㋑や㋺などがあるが、ここでは、大原則1にそう㋑をとる。

注 このようにすれば「隹」とも共通する。

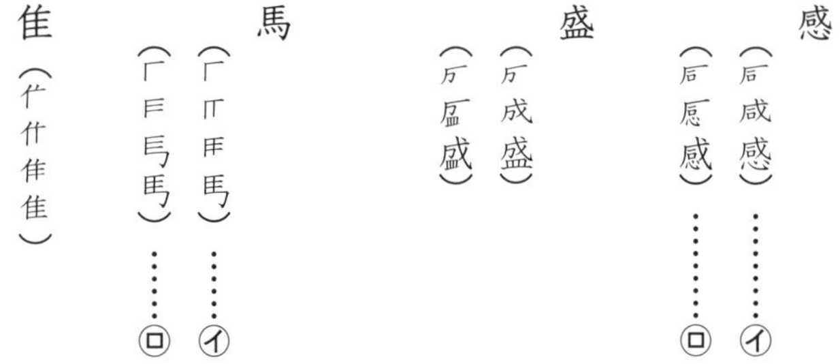

感 （后 咸 感）……㋑

（后 戚 感）……㋺

盛 （万 成 盛）

（万 戚 盛）

馬 （厂 Ⅲ 馬）……㋑

（厂 ⺈ 馬 馬）……㋺

隹 （亻 亻 亻 隹）

7「無」の筆順には、㋑や㋺などがあるが、ここでは大原則1にそう㋑をとる。

8「興」の筆順としては、㋑と㋺が考えられるが、ここでは大原則2にそう㋑をとる。

無 （𠂉 無 無）……㋑

（𠂉 𠂉 無）……㋺

興 （𠂉 同 興）……㋑

（同 同 興）……㋺

常用漢字表
部首
参考資料
Q&A

Ⓑ原則では説明できないもの

1 にょうには、さきに書くにょう(a)と、あとに書くにょう(b)とがある。

2 さきに書く左払い(a)と、あとに書く左払い(b)とがある。

(a) 夂（処）　走（起）　免（勉）　是（題）

(b) 辶（近）　廴（建）　乚（直）

(a) 九及

(b) 力刀万方別

「異字同訓」の漢字の用法

これは、「当用漢字改定音訓表」の審議（昭和47年）に際し、国語審議会漢字部会の作成により「参考資料」として提出されたものに、文化審議会答申「改定常用漢字表」（平成22年）に「参考」として付されたものを追加し、編集したものである。

平成26年2月に『「異字同訓」の漢字の使い分け例』が、文化審議会国語分科会より報告されました。資料の内容は、文化庁ホームページ（https://www.bunka.go.jp/）にてご確認ください。

1　この表は、同音で意味の近い語が、漢字で書かれる場合、その慣用上の使い分けの大体を、用例で示したものである。

2　その意味を表すのに、二つ以上の漢字のどちらを使うかが一定せず、どちらを用いてもよい場合がある。又、一方の漢字が広く一般的に用いられるのに対して、他方の漢字はある限られた範囲にしか使われないものもある。

3　その意味を表すのに、適切な漢字のない場合、又は漢字で書くことが適切でない場合がある。このときは、当然仮名で書くことになる。

あう

合う――計算が合う。目が合う。服が体に合う。好みに合う。割に合わない仕事。駅で落ち合う。

会う――客と会う時刻。人に会いに行く。

遭う――災難に遭う。にわか雨に遭う。

あがる・あげる

上がる・上げる――地位が上がる。物価が上がる。腕前を上げる。お祝いの品物を上げる。

揚がる・揚げる――花火が揚がる。歓声が揚がる。たこを揚げる。船荷を揚げる。てんぷらを揚げる。

挙げる――例を挙げる。全力を挙げる。国を挙げて。犯人を挙げる。

あく・あける

明く・明ける――背の明いた服。夜が明ける。

空く・空ける――席が空く。空き箱。家を空ける。時間を空ける。
開く・開ける――幕が開く。開いた口がふさがらない。店を開ける。窓を開ける。

あし

足――足の裏。手足。足しげく通う。客足。
脚――机の脚(足)。えり脚(足)。船脚(足)。

あたい

価――価が高くて買えない。商品に価を付ける。
値――そのものの持つ値。未知数 x の値を求める。称賛に値する。

あたたかい・あたたかだ・あたたまる・あたためる

暖かい・暖かだ・暖まる・暖める――暖かい心。暖かな毛布。暖まった空気。室内を暖める。
温かい・温かだ・温まる・温める――温かい料理。温かな家庭。心温まる話。スープを温める。

あたる・あてる

当たる・当てる――ボールが体に当たる。任に当たる。予報が当たる。出発に当たって。胸に手を当てる。日光に当てる。当て外れ。
充てる――建築費に充(当)てる。保安要員に充(当)てる。
宛てる――恩師に宛てて手紙を書く。本社に宛てられた書類。

あつい

暑い――今年の夏は暑い。暑い部屋。暑がり屋。
熱い――熱い湯。
厚い――厚い壁で隔てる。支持者の層が厚い。手厚いもてなし。

あと

跡――足の跡。車輪の跡。苦心の跡が見える。容疑者の跡を追う。跡目を継ぐ。父の跡を継ぐ。
後――後の祭り。後を頼んで行く。後から行く。後になり先になり。
痕――傷痕が痛む。壁に残る弾丸の痕。手術の痕(跡)。

あぶら

油――油を流したような海面。ごまの油で揚げる。水と油。火に油を注ぐ。
脂――脂がのる年ごろ。牛肉の脂。脂ぎった顔。

あやしい

怪しい——挙動が怪しい。空模様が怪しい。怪しい人影を見る。

妖しい——妖しい魅力。妖しく輝く瞳。

あやまる

誤る——適用を誤る。誤りを見付ける。

謝る——謝って済ます。手落ちを謝る。

あらい

荒い——波が荒い。気が荒い。金遣いが荒い。

粗い——網の目が粗い。きめが粗い。仕事が粗い。

あらわす・あらわれる

表す・表れる——言葉に表す。喜びを顔に表す。喜びの表れ。

現す・現れる——姿を現す。太陽が現れる。怪獣が現れる。

著す——書物を著す。

ある

有る——財源が有る。子が有る。有り合わせ。有り金。有様。

在る——日本はアジアの東に在る。在り方。

あわせる

合わせる——手を合わせて拝む。時計を合わせる。調子を合わせる。力を合わせる。

併せる——二つの会社を併せる。両者を併せて考える。併せて健康を祈る。

いく

行く——電車で行く。早く行こう。仕事帰りに図書館に行った。

逝く——彼が逝って三年たつ。多くの人に惜しまれながら逝った。

いたむ・いためる

痛む・痛める——足が痛む。腰を痛める。

傷む・傷める——家が傷む。傷んだ果物。建物を傷める。

悼む——死を悼む。故人を悼む。

いる

入る——念の入った話。気に入る。仲間入り。恐れ入る。

要る——金が要る。保証人が要る。親の承諾が要る。何も要らない。

うける

受ける――注文を受ける。命令を受ける。保護を受ける。相談を受ける。

請ける――請け負う。下請け。

うた

歌――歌を歌う。美しい歌声が響く。

唄――小唄の師匠。長唄を習う。馬子唄が聞こえる。

うつ

打つ――くぎを打つ。碁を打つ。電報を打つ。心を打つ話。打ち消す。

討つ――賊を討つ。義士の討ち入り。相手を討ち取る。

撃つ――鉄砲を撃つ。いのししを猟銃で撃つ。

うつす・うつる

写す・写る――書類を写す。写真を写す。風景を文章に写す。写真の中央に写っている人。

映す・映る――幻灯を映す。スクリーンに映す。壁に影が映る。鏡に姿が映る。着物がよく映る。

うむ・うまれる

生む・生まれる――新記録を生む。傑作を生む。下町生まれ。京都に生まれる。

産む・産まれる――卵を産み付ける。産みの苦しみ。産み月。予定日が来てもなかなか産まれない。

うれい・うれえ

憂い・憂え――後顧の憂い(え)。災害を招く憂い(え)がある。

愁い――春の愁い。愁いに沈む。

える

得る――勝利を得る。許可を得る。得物を振り回す。

獲る――獲物をねらう。

おかす

犯す――過ちを犯す。法を犯す。

侵す――権利を侵(犯)す。国境を侵(犯)す。

冒す――危険を冒す。激しい雨を冒して行く。

おくる

送る――荷物を送る。卒業生を送る。順に席を送る。送り状。

贈る――お祝いの品を贈る。感謝状を贈る。故人に位を贈る。

おくれる

遅れる――完成が遅れる。列車が遅れる。会合に遅れる。

後れる――気後れする。人に後れを取る。後れ毛。

おこす・おこる

起こす・起こる――体を起こす。訴訟を起こす。朝早く起こす。事件が起こる。持病が起こる。物事の起こり。

興す・興る――産業を興す。国が興る。

おさえる

押さえる――紙の端を押さえる。証拠を押さえる。要点を押さえる。差し押さえる。

抑える――物価の上昇を抑える。要求を抑える。怒りを抑える。

おさまる・おさめる

収まる・収める――博物館に収まる。争いが収まる。効果を収める。成功を収める。目録に収める。

納まる・納める――品物が納まった。国庫に納まる。税を納める。注文の品を納める。

治まる・治める――国内がよく治まる。痛みが治まる。領地を治める。

修まる・修める――身持ちが修まらない。学を修める。

おす

押す――ベルを押す。横車を押す。押し付けがましい。

推す――会長に推す。推して知るべしだ。

おそれる

恐れる――死を恐れる。報復を恐れて逃亡する。失敗を恐れるな。

畏れる――師を畏れ敬う。神を畏(恐)れる。畏(恐)れ多いお言葉。

おどる

踊る――リズムに乗って踊る。踊らされて動く。盆踊り。踊り子。

躍る――馬が躍り上がる。小躍りして喜ぶ。胸が躍る。

おもて

表――裏と表。表で遊ぶ。表向き。

面――面も振らずまっしぐらに。矢面に立つ。

おりる・おろす

降りる・降ろす――電車を降りる。高所から飛び降りる。月面に降り立つ。霜が降りる。次の駅で降ろして下さい。主役から降ろされた。

下りる・下ろす――幕が下りる。錠が下りる。許可が下りる。枝を下ろす。貯金を下ろす。

卸す――小売りに卸す。卸値。たな卸し。

かえす・かえる

返す・返る――もとの持ち主に返す。借金を返す。恩返し。貸した金が返る。正気に返る。返り咲き。

帰す・帰る――親もとへ帰す。故郷へ帰る。帰らぬ人となる。帰り道。

かえりみる

顧みる――過去を顧みる。顧みて他を言う。

省みる――自らを省みる。省みて恥じるところがない。

かえる・かわる

変える・変わる――形を変える。観点を変える。位置が変わる。心変わりする。声変わり。変わり種。

換える・換わる――物を金に換える。名義を書き換える。車を乗り換える。金に換わる。

替える・替わる――振り替える。替え地。替え歌。二の替わり。入れ替わる。社長が替わる。

代える・代わる――書面をもってあいさつに代える。父に代わって言う。身代わりになる。

かおる

薫る――風薫る。

香り――茶の香り。

かかる・かける

掛かる・掛ける――迷惑が掛かる。腰を掛ける。保険を掛ける。壁掛け。掛け売り。

懸かる・懸ける――月が中天に懸かる。優勝が懸かる。賞金を懸ける。命を懸けて。

架かる・架ける――橋が架かる。橋を架ける。電線を架ける。

係る――本件に係る訴訟。係り結び。係員。

賭ける――大金を賭ける。人生を賭(懸)けた勝負。名誉を賭(懸)けて誓う。

かく

書く――小説を書く。日記を書く。小さな字で書かれた本。

描く――油絵を描く。ノートに地図を描く。

かげ

陰――山の陰。陰の声。陰口を利く。

影――障子に影が映る。影を隠す。影も形もない。影が薄い。

かた

形――自由形。跡形もなく。
型――型にはまる。1970年型。血液型。鋳型。

かたい

堅い――堅い材木。堅炭。手堅い商売。
固い――団結が固い。固練り。頭が固い。固く信じる。
硬い――硬い石。硬い表現。

かわ

皮――皮をはぐ。とらの皮。木の皮。面の皮。化けの皮。
革――革のくつ。なめし革。

かわく

乾く――空気が乾く。干し物が乾く。乾いた土。
渇く――のどが渇く。渇きを覚える。

きく

聞く――物音を聞いた。話し声を聞く。うわさを聞く。聞き流しにする。
聴く――音楽を聴く。国民の声を聴く。

きく

効く――薬が効く。宣伝が効く。効き目がある。
利く――左手が利く。目が利く。機転が利く。

きる

切る――野菜を切る。期限を切る。電源を切る。縁を切る。
斬る――刀で斬(切)る。敵を斬(切)り殺す。世相を斬(切)る。

きわまる・きわめる

窮まる・窮める――進退窮まる。窮まりなき宇宙。真理を窮(究)める。
極まる・極める――不都合極まる言動。山頂を極める。栄華を極める。見極める。極めて優秀な成績。
究める――学を究(窮)める。

くら

倉――倉敷料。倉荷証券。
蔵――蔵座敷。蔵払い。

こう

請う――許可を請(乞)う。紹介を請(乞)う。案内を請(乞)う。
乞う――乞う御期待。命乞いをする。雨乞いの儀式。慈悲を乞う。

こえる・こす

越える・越す――山を越える。峠を越す。年を越す。

引っ越す。
超える・超す――現代を超(越)える。人間の能力を超(越)える。百万円を超(越)える額。一千万人を超(越)す人口。

こおる・こおり

凍る――湖水が凍る。土が凍る。
氷――氷が張った。氷をかく。氷砂糖。

こたえる

答える――質問に答える。正確に答える。
応える――期待に応える。時代の要請に応える。

こむ

混む――電車が混(込)む。混(込)み合う店内。人混(込)みを避ける。
込む――負けが込む。手の込んだ細工を施す。仕事が立て込む。

さがす

捜す――うちの中を捜す。犯人を捜す。
探す――空き家を探(捜)す。あらを探(捜)す。

さく

裂く――布を裂く。仲を裂く。引き裂く。
割く――時間を割く。紙面を割く。人手を割く。

さげる

下げる――値段を下げる。軒に下げる。
提げる――手に提げる。手提げかばん。

さす

差す――腰に刀を差す。かさを差す。差しつ差されつ。行司の差し違え。抜き差しならぬ。差し支え。差し出す。
指す――目的地を指して進む。名指しをする。指し示す。
刺す――人を刺す。布を刺す。本塁で刺される。とげが刺さる。

さます・さめる

覚ます・覚める――太平の眠りを覚ます。迷いを覚ます。目が覚める。寝覚めが悪い。
冷ます・冷める――湯冷まし。湯が冷める。料理が冷める。熱が冷める。

しずまる・しずめる

静まる・静める――心が静まる。あらしが静まる。鳴りを静める。気を静める。

鎮まる・鎮める——内乱が鎮まる。反乱を鎮める。痛みを鎮める。
沈める——船を沈める。

しぼる

絞る——手ぬぐいを絞る。絞り染め。
搾る——乳を搾る。搾り取る。

しまる・しめる

締まる・締める——ひもが締まる。引き締まった顔。帯を締める。ねじを締める。心を引き締める。申し込みの締め切り。
絞まる・絞める——首が絞まる。首を絞める。羽交い絞め。
閉まる・閉める——戸が閉まる。ふたを閉める。店を閉める。

すすめる

進める——前へ進める。時計を進める。交渉を進める。
勧める——入会を勧める。転地を勧める。
薦める——候補者として薦める。

する

刷る——名刺を刷る。刷り物。

擦る——転んでひざを擦りむく。擦り傷。洋服が擦り切れる。

そう

沿う——川沿いの家。線路に沿って歩く。
添う——影の形に添うように。連れ添う。付き添い。

そなえる・そなわる

備える・備わる——台風に備える。調度品を備える。老後の備え。必要品はすべて備わっている。人徳が備わる。

たえる

供える——お神酒を供える。お供え物。
堪える——任に堪える。鑑賞に堪えない。遺憾に堪えない。
耐える——重圧に耐(堪)える。風雪に耐(堪)える。困苦欠乏に耐(堪)える。

たずねる

尋ねる——道を尋ねる。由来を尋ねる。尋ね人。
訪ねる——知人を訪ねる。史跡を訪ねる。明日お訪ねします。

たたかう

戦う――敵と戦う。

闘う――病気と闘う。

たつ

断つ――退路を断つ。快刀乱麻を断つ。茶断ち。

絶つ――命を絶つ。縁を絶つ。消息を絶つ。後を絶たない。

裁つ――生地を裁つ。紙を裁つ。裁ちばさみ。

たつ・たてる

立つ・立てる――演壇に立つ。席を立つ。使者に立つ。危機に立つ。見通しが立つ。うわさが立つ。立ち合う。柱を立てる。計画を立てる。手柄を立てる。顔を立てる。立て直す。

建つ・建てる――家が建つ。ビルを建てる。銅像を建てる。建て前。

たっとい・とうとい

尊い――尊い神。尊い犠牲を払う。

貴い――貴い資料。貴い体験。

たま

玉――玉にきず。目の玉。玉をみがく。

球――電気の球。球を投げる。

弾――ピストルの弾。

つかう

使う――機械を使って仕事をする。重油を使う。

遣う――気遣う。心遣い。小遣い銭。仮名遣い。

つく・つける

付く・付ける――墨が顔に付く。味方に付く。利息が付く。名を付ける。気を付ける。条件を付ける。付け加える。

着く・着ける――席に着く。手紙が着く。東京に着く。船を岸に着ける。仕事に手を着ける。衣服を身に着ける。

就く・就ける――床に就く。緒に就く。職に就く。役に就ける。

つぐ

次ぐ――事件が相次ぐ。富士山に次ぐ山。取り次ぐ。次の間。

継ぐ――布を継ぐ。跡を継ぐ。引き継ぐ。継ぎ目。継ぎを当てる。

接ぐ――木を接ぐ。骨を接ぐ。接ぎ木。

つくる

作る——米を作る。規則を作る。詩を作る。刺身に作る。生け作り。
造る——船を造る。庭園を造る。酒を造る。
創る——新しい文化を創(作)る。画期的な商品を創(作)り出す。

つつしむ

慎む——身を慎む。酒を慎む。言葉を慎む。
謹む——謹んで聞く。謹んで祝意を表する。

つとまる

勤まる——私にはこの会社は勤まらない。彼にも十分勤(務)まる仕事だ。
務まる——彼には主役は務まらないだろう。会長が務まるかどうか不安だ。

つとめる

努める——完成に努める。解決に努める。努めて早起きする。
勤める——会社に勤める。永年勤め上げた人。本堂でお勤めをする。勤め人。
務める——議長を務める。主役を務める。主婦の務めを果たす。

とく・とける

解く・解ける——結び目を解く。包囲を解く。問題を解く。会長の任を解かれる。ひもが解ける。雪解け。疑いが解ける。
溶く・溶ける——絵の具を溶く。砂糖が水に溶ける。地域社会に溶け込む。

ととのう・ととのえる

整う・整える——整った文章。隊列を整える。身辺を整える。調子を整える。
調う・調える——嫁入り道具が調う。晴れ着を調える。味を調える。費用を調える。

とぶ

飛ぶ——鳥が空を飛ぶ。アフリカに飛ぶ。うわさが飛ぶ。海に飛び込む。家を飛び出す。飛び石。
跳ぶ——みぞを跳ぶ。三段跳び。跳びはねる。

とまる・とめる

止まる・止める——交通が止まる。水道が止まる。笑いが止まらない。息を止める。通行止め。
留まる・留める——小鳥が木の枝に留(止)まる。ボタンを留める。留め置く。書留。

泊まる・泊める――船が港に泊まる。宿直室に泊まる。友達を家に泊める。

とらえる

捕らえる――犯人を捕らえる。獲物の捕らえ方。
捉える――文章の要点を捉える。問題の捉え方が難しい。

とる

取る――手に取る。着物の汚れを取る。資格を取る。メモを取る。連絡を取る。年を取る。
採る――血を採る。高校の卒業生を採る。会議で決を採る。
執る――筆を執る。事務を執る。式を執り行う。
捕る――ねずみを捕る。生け捕る。捕り物。
撮る――写真を撮る。映画を撮る。

ない

無い――金が無い。無い物ねだり。
亡い――亡き父をしのぶ。

なおす・なおる

直す・直る――誤りを直す。機械を直す。服装を直す。故障を直す。ゆがみが直る。
治す・治る――風邪を治(直)す。けがが治(直)る。治(直)らない病気。

なか

中――箱の中。両者の中に入る。
仲――仲がいい。仲を取り持つ。仲働き。

ながい

長い――長い髪の毛。長い道。気が長い。枝が長く伸びる。
永い――ついに永い眠りに就く。永の別れ。末永く契る。

ならう

習う――先生にピアノを習う。見習う。
倣う――前例に倣う。

におい・におう

匂い・匂う――梅の花の匂い。香水がほのかに匂う。
臭い・臭う――魚の腐った臭い。生ごみが臭う。

のせる・のる

乗せる・乗る――母を飛行機に乗せて帰す。電波に乗せる。計略に乗せる。電車に乗って行く。馬に乗る。風に乗って飛ぶ。時流に乗る。相談に乗る。

載せる・載る――自動車に貨物を載せる。たなに本を載せる。雑誌に広告を載せる。机に載っている本。新聞に載った事件。

のばす・のびる

伸ばす・伸びる――手足を伸ばす。勢力を伸ばす。草が伸びる。身長が伸びる。学力が伸びる。伸び伸びと育つ。

延ばす・延びる――出発を延ばす。開会を延ばす。地下鉄が郊外まで延びる。寿命が延びる。支払いが延び延びになる。

のべる

延べる――出発の期日を延べる。布団を延べる。金の延べ棒。

伸べる――手を伸べて助け起こす。救いの手を伸べる。

のぼる

上る――水銀柱が上る。損害が一億円に上る。川を上る。坂を上る。上り列車。

登る――山に登る。木に登る。演壇に登る。

昇る――日が昇(上)る。天に昇(上)る。

はえ・はえる

映え・映える――夕映え。紅葉が夕日に映える。

栄え――栄えある勝利。見事な出来栄え。見栄えがする。

はかる

図る――合理化を図る。解決を図る。便宜を図る。

計る――時間を計る。計り知れない恩恵。まんまと計られる。

測る――水深を測る。標高を測る。距離を測る。面積を測る。測定器で測る。

量る――目方を量る。升で量る。容積を量る。

謀る――暗殺を謀る。悪事を謀る。

諮る――審議会に諮る。

はじまる・はじめ・はじめて・はじめる

初め・初めて――初めこう思った。初めての経験。

始まる・始め・始める――会が始まる。始めと終わり。御用始め。仕事を始める。

はな

花――花も実もない。花の都。花形。

華――華やか。華々しい。

はなす・はなれる

離す・離れる――間を離す。駅から遠く離れた町。離れ島。職を離れる。離れ離れになる。
放す・放れる――鳥を放す。見放す。放し飼い。矢が弦を放れる。放れ馬。

はやい

早い――時期が早い。気が早い。早く起きる。早変わり。早口。矢継ぎ早。
速い――流れが速い。投手の球が速い。テンポが速い。車の速さ。

はやまる

早まる――出発時間が早まる。順番が早まる。早まった行動。
速まる――回転のスピードが速まる。脈拍が速まる。

はる

張る――氷が張る。テントを張る。策略を張り巡らす。張りのある声。
貼る――ポスターを貼る。切手を貼り付ける。タイル貼(張)りの壁。

ひ

火――火が燃える。火に掛ける。火を見るより明らか。
灯――灯がともる。遠くに町の灯が見える。

ひく

引く――綱を引く。線を引く。例を引く。車を引く。
弾く――ピアノを弾く。ショパンの曲を弾く。

ふえる・ふやす

殖える・殖やす――財産が殖える。財産を殖やす。
増える・増やす――人数が増える。水かさが増える。人数を増やす。

ふく

吹く――風が吹く。笛を吹く。
噴く――火を噴き出す。火山が煙を噴く。

ふける

更ける――夜が更ける。秋が更ける。
老ける――老けて見える。老け込む。

ふた

二――二重。二目と見られない。二つ折り。
双――双子。双葉。

ふね

舟――舟をこぐ。小舟。ささ舟。
船――船の甲板。船で帰国する。船旅。親船。

ふるう

振るう――士気が振るう。事業が振るわない。刀を振るう。

震う――声を震わせる。身震い。武者震い。

奮う――勇気を奮って立ち向かう。奮って参加する。奮い立つ。

ほか

外――思いの外に到着が早かった。想像の外の事件が起こる。

他――この他に用意するものはあるか。他の人にも尋ねる。

まざる・まじる・まぜる

交ざる・交じる・交ぜる――麻が交ざっている。漢字仮名交じり文。交ぜ織り。

混ざる・混じる・混ぜる――酒に水が混ざる。西洋人の血が混じる。異物が混じる。雑音が混じる。セメントに砂を混ぜる。絵の具を混ぜる。

まち

町――町と村。町ぐるみの歓迎。町役場。下町。

街――街を吹く風。学生の街。街の明かり。

まるい

丸い――背中が丸くなる。丸く治める。丸ごと。丸太。日の丸。

円い――円(丸)い窓。円(丸)く輪になる。

まわり

回り――身の回り。胴回り。

周り――池の周り。周りの人。

みる

見る――遠くの景色を見る。エンジンの調子を見る。面倒を見る。

診る――患者を診る。脈を診る。

もと

下――法の下に平等。一撃の下に倒した。

元――火の元。出版元。元が掛かる。

本――本を正す。本と末。

基――資料を基にする。基づく。

や

屋――屋根。酒屋。屋敷。

家――二階家。家主。家賃。

やぶる・やぶれる

破る・破れる――約束を破る。障子が破れる。平和が破れる。
敗れる――競技に敗れる。勝負に敗れる。人生に敗れる。

やわらかい・やわらかだ

柔らかい・柔らかだ――柔らかい毛布。身のこなしが柔らかだ。物柔らかな態度。
軟らかい・軟らかだ――表情が軟(柔)らかい。軟(柔)らかい話。軟(柔)らかな土。

よい

良い――品質が良い。成績が良い。手際が良い。
善い――善い行い。世の中のために善いことをする。

よむ

読む――本を読む。字を読む。人の心を読む。秒読み。
詠む――和歌を詠む。一首詠む。

わかれる

分かれる――道が二つに分かれる。意見が分かれる。勝敗の分かれ目。
別れる――幼い時に両親と別れる。友と駅頭で別れる。家族と別れて住む。

わく

沸く――湯が沸く。風呂が沸く。すばらしい演技に場内が沸く。
湧く――温泉が湧く。勇気が湧く。盛大な拍手が湧(沸)く。

わざ

業――至難の業。離れ業。軽業。業師。
技――柔道の技。技をみがく。

わずらう・わずらわす

煩う・煩わす――思い煩う。人手を煩わす。心を煩わす。
患う――胸を患う。三年ほど患う。

（付）字体についての解説

平成28年2月に「常用漢字表の字体・字形に関する指針」が、文化審議会国語分科会より報告されました。資料の内容は、文化庁ホームページ（https://www.bunka.go.jp/）にてご確認ください。

第1　明朝体のデザインについて

常用漢字表では、個々の漢字の字体（文字の骨組み）を、明朝体のうちの一種を例に用いて示した。現在、一般に使用されている明朝体の各種書体には、同じ字でありながら、微細なところで形の相違の見られるものがある。しかし、各種の明朝体を検討してみると、それらの相違はいずれも書体設計上の表現の差、すなわちデザインの違いに属する事柄であって、字体の違いではないと考えられるものである。つまり、それらの相違は、字体の上からは全く問題にする必要のないものである。以下に、分類して、その例を示す。

なお、ここに挙げているデザイン差は、現実に異なる字形がそれぞれ使われていて、かつ、その実態に配慮すると、字形の異なりを字体の違いと考えなくてもよいと判断したものである。すなわち、実態として存在する異字形を、デザインの差と、字体の差に分けて整理することがその趣旨であり、明朝体字形を新たに作り出す場合に適用し得るデザイン差の範囲を示したものではない。また、ここに挙げているデザイン差は、おおむね「筆写の楷書字形において見ることができる字形の異なり」と捉えることも可能である。

1　へんとつくり等の組合せ方について

(1)　大小、高低などに関する例

硬　硬　　吸　吸　　頃　頃

(2)　はなれているか、接触しているかに関する例

睡　睡　　異　異　　挨　挨

2　点画の組合せ方について

（1）長短に関する例

雪　雪　雪　満　満
無　無　斎　斎

（2）つけるか、はなすかに関する例

発　発　備　備　奔　奔
溺　溺　空　空　湿　湿
吹　吹　冥　冥

（3）接触の位置に関する例

岸　岸　家　家　脈　脈　脈
蚕　蚕　印　印　蓋　蓋

（4）交わるか、交わらないかに関する例

聴　聴　非　非　祭　祭
存　存　孝　孝　射　射

（5）その他

芽　芽　芽　夢　夢　夢

3　点画の性質について

（1）点か、棒（画）かに関する例

帰　帰　班　班　均　均
麗　麗　蔑　蔑

（2）傾斜、方向に関する例

考　考　値　値　望　望

(3) 曲げ方、折り方に関する例

勢 勢 競 競 頑 頑 頑 災 災

(4) 「筆押さえ」等の有無に関する例

芝 芝 更 更 伎 伎 八 八 八 公 公 公 雲 雲

(5) とめるか、はらうかに関する例

環 環 泰 泰 談 談 医 医 継 継 園 園

(6) とめるか、ぬくかに関する例

耳 耳 邦 邦 街 街 餌 餌

(7) はねるか、とめるかに関する例

四 四 配 配 換 換 湾 湾

(8) その他

次 次 姿 姿

4 特定の字種に適用されるデザイン差について

「特定の字種に適用されるデザイン差」とは、以下の(1)～(5)それぞれの字種にのみ適用されるデザイン差のことである。したがって、それぞれに具体的な字形として示されているデザイン差を他の字種にまで及ぼすことはできない。

なお、⑷に掲げる「叱」と「𠮟」は本来別字とされるが、その使用実態から見て、異体の関係にある同字と認めることができる。

⑴ 牙・牙・牙

⑵ 韓・韓・韓

⑶ 茨・茨・茨

⑷ 𠮟・叱

⑸ 栃・栃

第２ 明朝体と筆写の楷書との関係について

常用漢字表では、個々の漢字の字体（文字の骨組み）を、明朝体のうちの一種を例に用いて示した。このことは、これによって筆写の楷書における書き方の習慣を改めようとするものではない。字体としては同じであっても、１、２に示すように明朝体の字形と筆写の楷書の字形との間には、いろいろな点で違いがある。それらは、印刷文字と手書き文字におけるそれぞれの習慣の相違に基づく表現の差と見るべきものである。

さらに、印刷文字と手書き文字におけるそれぞれの習慣の相違に基づく表現の差は、３に示すように、字体（文字の骨組み）の違いに及ぶ場合もある。

以下に、分類して、それぞれの例を示す。いずれも「明朝体―手書き（筆写の楷書）」という形で、上に明朝体、下にそれを手書きした例を示す。

１ 明朝体に特徴的な表現の仕方があるもの

⑴ 折り方に関する例

衣－衣　去－去　玄－玄

(2) 点画の組合せ方に関する例

人－人　家－家

北－北

(3) 「筆押さえ」等に関する例

芝－芝　史－史

入－入　八－八

(4) 曲直に関する例

子－子　手－手

了－了

(5) その他

辶・辶－辶　竹－竹

心－心

2　筆写の楷書では，いろいろな書き方があるもの

(1) 長短に関する例

雨－雨雨　戸－戸戸戸

無－無無

(2) 方向に関する例

風－風風　比－比比

仰－仰仰　糸－糸糸

ネ－ネネ　衤－衤衤

主－主主　言－言言言

年－年年年

(3) つけるか、はなすかに関する例

又－又又　文－文文

月－月月

条－条条　保－保保

(4) はらうか、とめるかに関する例

奥－奥奥　公－公公

角－角角　骨－骨骨

(5) はねるか、とめるかに関する例

切－切切切

改－改改改

酒－酒酒　陸－陸陸陸

穴－穴穴穴

木－木木　来－来来

糸－糸糸　牛－牛牛

環－環環

(6) その他

令－令令　外－外外外

女－女女　叱－叱叱叱

3　筆写の楷書字形と印刷文字字形の違いが、字体の違いに及ぶもの

以下に示す例で、括弧内は印刷文字である明朝体の字形に倣って書いたものであるが、筆写の楷書ではど

ちらの字形で書いても差し支えない。なお、括弧内の字形の方が、筆写字形としても一般的な場合がある。

(1) 方向に関する例

淫－淫（淫）　恣－恣（恣）
煎－煎（煎）　嘲－嘲（嘲）
溺－溺（溺）　蔽－蔽（蔽）

(2) 点画の簡略化に関する例

葛－葛（葛）　嗅－嗅（嗅）
僅－僅（僅）　餌－餌（餌）
箋－箋（箋）　塡－塡（塡）
賭－賭（賭）　頰－頰（頰）

(3) その他

惧－惧（惧）　稽－稽（稽）
詮－詮（詮）　捗－捗（捗）
剝－剝（剝）　喩－喩（喩）

漢検Q&A

表記と読みに関すること

1 「熟字訓」「当て字」とは?

「熟字訓」とは、熟字(「熟語」と同義)の訓読みの意で、熟字を構成する漢字表記の全体に、一字一字の訓とは別に、一つの訓を対応させたものをいいます。

例 明日(あす) 小豆(あずき) 為替(かわせ)
雑魚(ざこ) 足袋(たび) 雪崩(なだれ)

「当て字」とは、漢字本来の意味とは関係なく、その音や訓を借りて和語・外来語の表記に当てたものです。

例 素敵(すてき) 背広(せびろ)
珈琲(コーヒー) 亜米利加(アメリカ)

「常用漢字表」では、熟字訓や当て字など、主として一字一字の音訓としては挙げにくいものを語の形で「付表」(本書97ページ)に掲げています。

2 「大阪府」の「阪(さか)」という読みは「常用漢字表」に載っていないのか?

「常用漢字表」に「阪」の音訓として示されているのは「ハン」のみで、「さか」は示されていません。このように、都道府県名に用いられる漢字の読み方が、個々の漢字の音訓としては示されていない場合があります(他に「茨城県」の「城」、「岐阜県」の「岐」など)。

ただし、そのような場合には、その漢字の備考欄に「大阪(おおさか)府」というように、都道府県名としての読み方が記載されています。本書では、別表(本書99ページ「付表2」)にまとめて示しました。

また、それぞれの都道府県名の読み方については、本書掲載の「都道府県名」(本書107ページ)も参照してください。

常用漢字表
部首
参考資料
Q＆A

3　「現代仮名遣い」「歴史的仮名遣い」とは？

①歴史的仮名遣い

国語の仮名による表記の決まりは、平安時代に形作られ、江戸時代前期には、国学者の契沖（けいちゅう）が平安時代中期以前の文献を基に定めた仮名遣いが、よりどころとなりました。また、漢字の音については、江戸時代に中国の音韻書に基づく仮名表記を定める研究が進みました。この字音の仮名遣いと契沖以来の仮名遣いとを合わせて、「歴史的仮名遣い」と呼んでいます。

明治時代以降、公用文や教科書には「歴史的仮名遣い」が主として用いられるようになり、約80年間は社会一般の表記の基準となりました。

②現代仮名遣い

しかし、その間、表音主義による仮名遣いへの改定がしばしば論議され、昭和21（1946）年に「現代かなづかい」が制定、さらに昭和61（1986）年に改定「現代仮名遣い」が制定されて現在に至っています。

4　「現代仮名遣い」の内容はどのようなものか？

「現代仮名遣い」は、法令、公用文書、新聞、雑誌、放送など、一般の社会生活において、現代の国語を書き表すための仮名遣いのよりどころを示しています。「現代仮名遣い」は、主として現代文のうち口語体のものに適用されます。語を現代語の音韻に従って書き表すことを原則としていますが、一方、慣習を尊重して次のものについては特例を設けています。

①「お」「わ」「え」と発音するもののうち、助詞は「を」「は」「へ」と書く

②動詞「言う」は「ユー」と発音するが、「いう」と書く

③「じ・ぢ」「ず・づ」の使い分け

④エ列の長音は「え」を添える（例おねえさん）が、次のような語は「い」を添える（例せい〔背〕、とけい〔時計〕）

⑤オ列の長音は「う」を添える（例とうだい〔灯台〕）が、歴史的仮名遣いで「ほ」「を」を添えていたものは「お」を添える（例おおかみ、とおい）

5　現代語の表記と読みに関して注意することは？

①発音のとおりに表記しないものがある

前ページ「**4　『現代仮名遣い』の内容はどのようなものか？**」と、「現代仮名遣い」（本書144ページ）を参照してください。

②発音の変化が生じるものがある

「楽」は「がく」、「器」は「き」と読みますが、「楽器」は「がくき」ではなく「がっき」と読みます。このように語が連接するときに、ある条件のもとに発音が変化するものがあります。

詳しくは、次の「**6　『音便』とは？**」「**7　『連濁』とは？**」「**8　『連声』とは？**」をご覧ください。

6　「音便（おんびん）」とは？

ことばを発音しやすいように、語中・語尾の音が他の音に変化することがあります。これを「音便」といいます。

和語では、以下のように発音が変化するものがあります。

例　き**き**て（聞きて）→き**い**て（イ音便）
しろ**く**（白く）→しろ**う**（ウ音便）
の**り**て（乗りて）→の**っ**て（促音便（そくおんびん））
と**び**て（飛びて）→と**ん**で（撥音便（はつおんびん））

漢語の音読では、以下のように発音が変化するものがあります。

①前の語尾が「く」＋後の語頭が「か行」
→前の語尾が促音化

例　がく（学）＋こう（校）→がっこう（学校）
ふく（復）＋かつ（活）→ふっかつ（復活）

②前の語尾が「ち・つ」＋後の語頭が「か・さ・た行」
→前の語尾が促音化

例 にち（日）＋き（記）→にっき（日記）
かつ（滑）＋そう（走）→かっそう（滑走）
はつ（発）＋てん（展）→はってん（発展）

③前の語尾が「ち・つ」＋後の語頭が「は行」
→前の語尾が促音化して後の語頭が半濁音化

例 はち（八）＋ほう（方）→はっぽう（八方）
いつ（逸）＋ひん（品）→いっぴん（逸品）

④前の語尾が「ん」＋後の語頭が「は行」
→後の語頭が半濁音化

例 さん（散）＋はつ（髪）→さんぱつ（散髪）
しん（新）＋ひん（品）→しんぴん（新品）

7 「連濁（れんだく）」とは？

語と語が接続するとき、後の語頭の音が清音から濁音に変化するものがあります。これを「連濁」といいます。

和語では以下のように濁音化するものがあります。

例 いろ（色）＋かみ（紙）→いろがみ（色紙）
こ（小）＋くま（熊）→こぐま（小熊）

漢語の音読では、以下のように濁音化するものがあります。

①前の語尾が「ん」＋後の語頭が清音
→後の語頭が濁音化

例 てん（天）＋こく（国）→てんごく（天国）
にん（忍）＋しゃ（者）→にんじゃ（忍者）

②前の語尾が「う」＋後の語頭が清音
→後の語頭が濁音化

例 みょう（明）＋しょう（星）
→みょうじょう（明星）
こう（洪）＋すい（水）→こうずい（洪水）

8 「連声（れんじょう）」とは？

語と語が接続するとき、前の語尾の音が後の語頭に影響して、音が変化するものがあります。これを「連声」といいます。

漢語の音読では、以下のように発音が変化するものがあります。

①前の語尾が「ち・つ」＋後の語頭が「あ行・や行・わ行」
→後の語頭が「た行」に変化

例 せつ（雪）＋いん（隠）→せっ**ち**ん（雪隠）

②前の語尾が「ん」＋後の語頭が「あ行・や行」
→後の語頭が「な行」または「ま行」に変化

※これは、「ん」で表される音に、昔は「n」「m」の区別があったことの名残です。

例 「n」音
いん（因）＋えん（縁）→いん**ね**ん（因縁）
かん（観）＋おん（音）→かん**の**ん（観音）
「m」音
さん（三）＋い（位）→さん**み**（三位）
おん（陰）＋よう（陽）→おん**み**ょう（陰陽）

音便（おんびん）、連濁（れんだく）、連声（れんじょう）とも、現代語では上記の条件を満たすすべての場合に現れるわけではありません。

9 「々」はどのように読むのか？

「踊り字」と呼ばれるものの一つで、これ自体に読みはありません。

踊り字は「繰り返し符号」ともいい、同じ字や語句を二度書く労を省くために用います。また、その用い方を「踊り字法」といいます。

①「々」は、漢字一字の繰り返しに用いる
例 人々 国々 年々 日々
ただし、次のような複合語の場合は「々」を用いない
例 民主主義 大学学術局 学生生活
表外漢字字体表

②「ゝ」「ゞ」は、仮名一字の繰り返しに用いたが、現在は用いない

③「〱」は、仮名二字の繰り返しに用いたが、現在は用いない

③「〻」は、漢文以外には用いない

④「〃」は、表や簿記などに限って用いる

部首に関すること

1　部首とは？

中国で、字書を編集するときに漢字を分類する方法として、意味や形の上で共通するものをグループ分けしました。そのグループを「部」といい、その分け方の基になる部分を「部首」といいます。

つまり、「部首」とは、便宜的に考え出された漢字の分類方法です。日本の漢和辞典の多くは、中国・清（しん）の時代に完成した『康熙（こうき）字典』の部首分類を基本としています。

2　漢和辞典によって部首が異なる漢字があるのはなぜか？

漢字の意味を重視して分類する考え、漢字の形を重視して分類する考えなど、辞典の編者によって考え方に違いがあり、独自の分類や部首の新設を行っている場合があるためです。

例　「巨」の部首としてみられるもの
工（え・たくみ）…当協会が採用している部首
匚（はこがまえ）　二（に）　丨（たてぼう）

当協会が定めた部首は、基本的には『康熙字典』によっています。ただし、新字体の字形が旧字体と変わってしまったために、本来の部首を字形のうちに含まなくなったものは、おおむね従来の部首のうちの適当なものに替えて所属させています。なお、唯一新設した部首として「⺍（つかんむり）」があります。

例　萬〔艸（くさかんむり）〕→万〔一（いち）〕
單〔口（くち）〕→単〔⺍（つかんむり）〕

2～10級の検定では、「部首」は「部首一覧表と部首別の常用漢字」（本書109ページ）による、と採点基準を定めており、これと異なる解答は不正解とします。

3 「人（ひと）」と「亻（にんべん）」と「𠆢（ひとやね）」の関係は？

部首は、漢字のなかで占める位置によって、形が変化したり、特別な名称を有したりするものがあります。
「人（ひと）」は、「休」「何」のように漢字の左の部分（偏）になると、「亻」の形に変化して「にんべん」と呼ばれ、「会」「今」のように漢字の上の部分（冠）になると、「𠆢」の形に変化して「ひとやね」と呼ばれます。
「人」「休」「会」はすべて「人（の）部」に属し、その代表である「人（ひと）」が部首ですが、「亻（にんべん）」や「𠆢（ひとやね）」なども部首と呼ばれます。
それぞれの部首が、漢字のなかで占める位置によってどのように形を変えるかについては、本書掲載の「部首一覧表」（本書111ページ）を参照してください。

4 「月（つき）」「月（つきへん）」と「月（にくづき）」の違いは？

「月」の形の成り立ちには三つの系統があります。

①「月」新月の形を描いた象形文字（「つき」と呼ぶ）

例 期・有

②「月」舟の変形（「ふなづき」と呼ぶ）

例 服・朕…現在は「つきへん」

③「月」肉の変形（「にくづき」と呼ぶ）

「にく」という漢字は「肉」と書きますが、ある漢字の一部分となるときは「月」の形に変化し、人の体に関係する字に添えられています。

例 腸・脈・肥

常用漢字になって、字形の上では①②③の区別はなくなりましたが、部首としては今でも①②と③とは別のものとして扱われる場合があります。
なお、当協会では、③の「月」をもつ漢字のうち、その「月」が偏の場合は「月（にくづき）」、偏以外の場合は「肉（にく）」を部首としています。

検定問題の解答のしかた

1　標準解答の見方は？

例

無粋　不粋

「無粋」「不粋」どちらでも正解とします。

ぶんぴ　ぶんぴつ

「ぶんぴ」「ぶんぴつ」どちらでも正解とします。

2　標準解答に、複数の答えが示されている場合、そのすべてを答えないと正解にならないのか？

標準解答に、複数の答えが示されている場合、そのうちどれか一つが正しく書けていれば正解とします。すべてを書く必要はありません。

なお、答えを複数書いた場合、そのなかの一つでも間違っていれば不正解としますので、注意してください。

例　問題　次の――線の**漢字の読み**を**ひらがな**で記せ。

現在の地位に執着する。

標準解答　しゅうじゃく　しゅうちゃく

解答例
- しゅうじゃく……○
- しゅうちゃく……○
- しゅうじゃく　しゅうちゃく……○
- しっちゃく　しゅうちゃく……×

3 答えを漢字で書く際に注意することは？

漢字は、楷書で丁寧に、解答欄内に大きくはっきりと書いてください。くずした字や乱雑な字などは採点の対象外とします(※)。教科書体を参考にして、はねるところ、とめるところなどもはっきり書きましょう。

特に、次に示す点に注意してください。

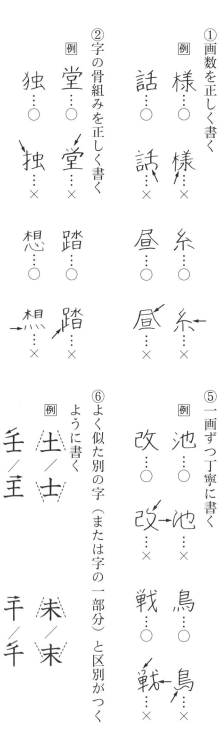

①画数を正しく書く

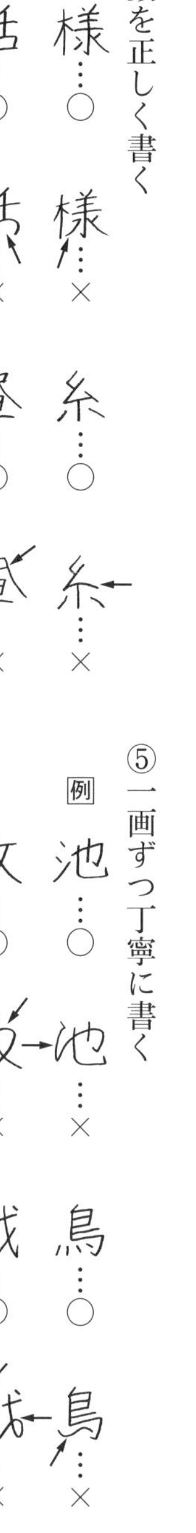

例 様…○ 様…× 糸…○ 糸…×
話…○ 話…× 昼…○ 昼…×

②字の骨組みを正しく書く

例 堂…○ 堂…× 踏…○ 踏…×
独…○ 独…× 想…○ 想…×

③突き出るところ、突き出ないところを正しく書く

例 車…○ 車…× 降…○ 降…×
角…○ 角…× 重…○ 重…×

④字の組み立てを正しく書く

例 潔…○ 潔…× 落…○ 落…×
染…○ 染…× 薄…○ 薄…×

⑤一画ずつ丁寧に書く

例 池…○ 池…× 鳥…○ 鳥…×
改…○ 改…× 戦…○ 戦…×

⑥よく似た別の字（または字の一部分）と区別がつくように書く

例 土／士 未／末
壬／王 千／千

（※）採点の対象外とする字とは？

自分だけが読み取れれば良いメモなどとは違い、検定では誰が見ても正しく読み取れる字を書かなければ正解とはなりません。

くずした字や乱雑な字など、字体（文字の骨組み）が読み取れない字は採点の対象外とし、不正解とします。また、答案用紙は機械で読み取るため、機械が読み取らないほど薄い字も、採点の対象外です。

●採点の対象外とする字の例

・細部が潰れている字

例 優…○ 優…×　曜…○ 曜…×
輸…○ 輸…×　厳…○ 厳…×

・続け字

例 銀…○ 銀…×　細…○ 細…×
顔…○ 顔…×　試…○ 試…×

・小さい字（周りの四角は解答欄を表す）

例 確…○ 確…×
悲…○ 悲…×

・消したかどうかわからない部分がある字

例 暴…○ 暴…×　垂…○ 垂…×
休…○ 休…×　専…○ 専…×

・不要な部分がある字

例 危…○ 危…×　水…○ 水…×
属…○ 属…×　糸…○ 糸…×

4　答えをひらがなで書く際に注意することは？

漢字を書くときと同様に、楷書で丁寧に書いてください。特に、次に示す点に注意してください。

①バランスがくずれると区別がつきにくくなる字は、区別がつくように丁寧に書く

例　い／り　か／や　く／し
　　て／へ　ゆ／わ　い／こ

②拗音（ようおん）「ゃ」「ゅ」「ょ」や促音（そくおん）「っ」は小さく右に寄せて書く

例　いしゃ…○　いしや…×
　　がっこう…○　がつこう…×

③濁点「゛」や半濁点「゜」をはっきり書く

例　が…○　が…×　が…×
　　ぱ…○　ぱ…×　ぱ…×

④一画ずつ丁寧に書く

例　な…○　な…×　ふ…○　ふ…×
　　う…○　う…×　も…○　も…×

5　2～10級の検定で、旧字体や「常用漢字表」に示されていない漢字（表外漢字）、歴史的仮名遣い（かなづかい）を用いて答えてもよいか？

2～10級の解答には、常用漢字および現代仮名遣いを用いてください。旧字体や表外漢字、歴史的仮名遣いを用いた解答は不正解とします。

また、「常用漢字表」に示されていない読み（表外読み）を用いた解答も不正解とします。

例1　問題　次の――線のカタカナを漢字に直せ。
　　　　信号がテンメツしている。
　　解答例　点滅……○
　　　　點滅……×　「點」が旧字体

例2　問題　次の――線の漢字の読みをひらがなで記せ。
　　　　池にうっすらと氷がはる。
　　解答例　こおり……○
　　　　こほり……×　「こほり」は歴史的仮名遣い

例3 問題 次の――線のカタカナを漢字に直せ。

紙くずをごみ箱にスてる。

解答例 捨……○

棄……× 「棄」の訓読み「す(てる)」は表外読み

6 「遡」を「遡」、「餅」を「餅」と書いてもよいか？

2～10級の検定では、「常用漢字表」に示された字体を用いて答えなければなりません。ただし、例外として、平成22（2010）年告示「常用漢字表」で追加された漢字のうち、許容字体が併せて示されたものは正解とします。

「遡」や「餅」という字体はこの例外に当てはまりますので、正解となります。

7 次の例ではどちらが正しい書き方か？

① 言「言」か「言」か

条「条」か「条」か

令「令」か「令」か

② 溺「溺」か「溺」か

頰「頰」か「頰」か

剝「剝」か「剝」か

どちらの書き方でも正解とします。

こうした違いについては、「常用漢字表」の「（付）字体についての解説」（本書184ページ）に、「印刷文字と手書き文字におけるそれぞれの習慣の相違に基づく表現の差と見るべきもの」として例示されており、字体としては同じ（どちらで書いてもよい）とされています。

どちらの書き方でも正解とします。

これらのように、印刷文字と手書き文字におけるそれぞれの習慣の相違に基づく表現の差が、字体（文字の骨組み）の違いに及ぶ場合もありますが、いわば例外的なものです。他にどの漢字がこの例外に当てはまるかについては、本書掲載の「常用漢字表」（本書7ページ）で一字一字確認してください。

8 「比」「衣」「越」などは「𠃊」と書くのか「レ」と書くのか？

「比」「衣」「越」などの「𠃊」の部分は、活字のデザインにおいて、一画で書く「レ」の折れを強調したものです。

検定では、次に示す教科書体を手本にして、「レ」のように一画で書いてください。

例 衣 越 猿 仰 氏 紙 長
底 展 農 比 民 裏 留

9 解答方法で注意することは？

問題文をよく読んで答えましょう。答える部分や答え方など、問題文に指定がある場合は、必ずそれに従って答えてください。問題文の指定に合っていない答えは不正解とします。

特に、次に示す点に注意してください。

①「答えを一字書きなさい」と指定があれば「一字」のみ答える

例 問題 後の□内のひらがなを**漢字**に直して□に入れ、**四字熟語**を完成せよ。□内のひらがなは一度だけ使い、**答案用紙**に**一字記入**せよ。

新進気□　い・えい・えん・かん

解答例　鋭…………○
気鋭…………×
新進気鋭……×

②「ひらがなで書きなさい」と指定があれば「ひらがな」で答える

例 問題 次の――線のカタカナを漢字一字と送りがな（ひらがな）に直せ。

交番で道を**タズネル**。

解答例 尋ねる……○ 尋ネル……×

③「算用数字で書きなさい」と指定があれば「算用数字」で答える

例 問題 次の漢字の**太い画**のところは**筆順の何画目**か、**算用数字**（1、2、3…）で答えなさい。

若

解答例 4……○ 四……×

④「――線の漢字の読みを書きなさい」と指定があれば「――線」部分のみ答える

例 問題 次の――線の**漢字の読み**を**ひらがな**で記せ。

駅の**昇降**口が混雑している。

解答例 しょうこう……○

しょうこうぐち……×

⑤「――線の右に書きなさい」と指定があれば「――線の右」に記入する

例 問題 つぎの――線の**漢字**の**読みがな**を――線の**右**に書きなさい。

ベランダの**植木**に水をやる。

解答例 ベランダの植木（うえき）に水をやる。……○

ベランダの植木（うえき、線の左）に水をやる。……×

付録

常用漢字の筆順一覧

広く用いられる筆順が二つ以上あるものについては、文部省『筆順指導の手びき』（昭和33年）に規定されている「筆順の原則」に従っている。

ア

漢字	ページ
亜	9
哀	9
挨	9
愛	9
曖	9
悪	9
握	9
圧	9
扱	9
宛	9
嵐	9
安	9
案	9
暗	9

イ

漢字	ページ
以	9
衣	9
位	9
囲	9
医	9
依	9
委	9
威	9
為	9
畏	9
胃	9
尉	9
異	9
移	10
萎	10
偉	10
椅	10
彙	10
意	10
違	10
維	10
慰	10
遺	10
緯	10
域	10
育	10
一	10
壱	10
逸	10
茨	10
芋	10
引	10
印	10
因	10
咽	10
姻	10
員	10
院	10

漢字	ページ
淫	10
陰	11
飲	11
隠	11
韻	11

ウ

漢字	ページ
右	11
宇	11
羽	11
雨	11
唄	11
鬱	11
畝	11
浦	11
運	11
雲	11

エ

漢字	ページ
永	11
泳	11
英	11
映	11
栄	11
営	11
詠	11
影	11
鋭	11
衛	11
易	11
疫	11
益	11
液	12
駅	12
悦	12
越	12
謁	12
閲	12
円	12
延	12
沿	12
炎	12
怨	12
宴	12
媛	12
援	12
園	12
煙	12
猿	12
遠	12
鉛	12
塩	12
演	12
縁	12
艶	12

オ

漢字	ページ
汚	12
王	12
凹	12
央	13
応	13
往	13

漢字	ページ
押	13
旺	13
欧	13
殴	13
桜	13
翁	13
奥	13
横	13
岡	13
屋	13
億	13
憶	13
臆	13
虞	13
乙	13
俺	13
卸	13
音	13
恩	13
温	13
穏	13

カ

漢字	ページ
下	13
化	14
火	14
加	14
可	14
仮	14
何	14
花	14
佳	14
価	14
果	14
河	14
苛	14
科	14
架	14
夏	14
家	14
荷	14
華	14
菓	14
貨	14
渦	14
過	14
嫁	14
暇	14
禍	14
靴	14
寡	14
歌	15
箇	15
稼	15
課	15
蚊	15
牙	15
瓦	15
我	15
画	15
芽	15

筆順

階	開	絵	械	皆	界	海	悔	拐	怪	改	戒	快	会	灰	回	介	餓	雅	賀
16	16	16	16	15	15	15	15	15	15	15	15	15	15	15	15	15	15	15	15

垣	骸	概	該	蓋	慨	街	涯	崖	害	劾	外	貝	諧	懐	壊	潰	解	楷	塊
16	16	16	16	16	16	16	16	16	16	16	16	16	16	16	16	16	16	16	16

楽	岳	学	穫	嚇	獲	確	閣	隔	較	覚	郭	殻	核	格	革	拡	角	各	柿
17	17	17	17	17	17	17	17	17	17	17	17	17	17	17	17	17	17	17	16

刊	干	刈	鎌	釜	株	且	轄	褐	滑	葛	割	渇	喝	活	括	潟	掛	顎	額
18	18	18	18	18	18	18	18	18	18	18	18	17	17	17	17	17	17	17	17

棺	敢	換	堪	喚	寒	貫	患	勘	乾	陥	看	巻	冠	官	肝	完	缶	汗	甘
19	19	19	19	19	19	18	18	18	18	18	18	18	18	18	18	18	18	18	18

観	簡	環	館	還	憾	緩	監	歓	関	管	慣	漢	感	幹	寛	勧	閑	間	款
19	19	19	19	19	19	19	19	19	19	19	19	19	19	19	19	19	19	19	19

希	岐	気	机	危	伎	企	キ	願	顔	頑	眼	玩	岩	岸	含	丸	鑑	艦	韓
20	20	20	20	20	20	20	ページ	20	20	20	20	20	20	20	20	20	20	20	19

揮	幾	喜	亀	規	寄	基	帰	鬼	飢	起	記	既	軌	紀	季	祈	奇	汽	忌
21	21	21	21	21	21	21	21	21	21	21	20	20	20	20	20	20	20	20	20

擬	戯	儀	疑	義	欺	偽	宜	技	騎	機	輝	畿	器	旗	毀	棄	貴	棋	期
22	22	22	22	22	21	21	21	21	21	21	21	21	21	21	21	21	21	21	21

朽	吸	休	旧	丘	弓	及	久	九	虐	逆	脚	客	却	詰	喫	吉	菊	議	犠
朽	吸	休	旧	丘	弓	及	久	九	虐	逆	脚	客	却	詰	喫	吉	菊	議	犠
朽	吸	休	旧	丘	弓	及	久	九	虐	逆	脚	客	却	詰	喫	吉	菊	議	犠
朽	吸	休	旧	丘	弓	及	久		虐	逆	脚	客	却	詰	喫	吉	菊	議	犠
朽	吸	休	旧	丘					虐	逆	脚	客	却	詰	喫	吉	菊	議	犠
朽	吸	休	旧	丘					虐	逆	脚	客	却	詰	喫	吉	菊	議	犠
朽	吸	休							虐	逆	脚	客	却	詰	喫	吉	菊	議	犠
									虐	逆	脚	客	却	詰	喫		菊	議	犠
									虐	逆	脚	客		詰	喫		菊	議	犠
									虐	逆	脚	客		詰	喫		菊	議	犠
											脚			詰	喫		菊	議	犠
22	22	22	22	22	22	22	22	22	22	22	22	22	22	22	22	22	22	22	22

挙	拠	拒	居	巨	去	牛	窮	嗅	給	球	救	宮	糾	級	急	泣	究	求	臼
挙	拠	拒	居	巨	去	牛	窮	嗅	給	球	救	宮	糾	級	急	泣	究	求	臼
挙	拠	拒	居	巨	去	牛	窮	嗅	給	球	救	宮	糾	級	急	泣	究	求	臼
挙	拠	拒	居	巨	去	牛	窮	嗅	給	球	救	宮	糾	級	急	泣	究	求	臼
挙	拠	拒	居	巨	去	牛	窮	嗅	給	球	救	宮	糾	級	急	泣	究	求	臼
挙	拠	拒	居	巨	去		窮	嗅	給	球	救	宮	糾	級	急	泣	究	求	臼
挙	拠	拒	居				窮	嗅	給	球	救	宮	糾	級	急	泣	究	求	臼
挙	拠	拒	居				窮	嗅	給	球	救	宮	糾	級	急	泣	究	求	
挙	拠	拒	居				窮	嗅	給	球	救	宮	糾	級	急	泣			
挙							窮	嗅	給	球	救	宮	糾	級	急				
挙							窮	嗅	給	球	救	宮							
23	23	23	23	23	23	23	23	23	23	23	23	23	23	23	23	23	23	22	22

恭	恐	狭	挟	峡	況	協	供	享	京	狂	叫	共	凶	漁	御	魚	距	許	虚
恭	恐	狭	挟	峡	況	協	供	享	京	狂	叫	共	凶	漁	御	魚	距	許	虚
恭	恐	狭	挟	峡	況	協	供	享	京	狂	叫	共	凶	漁	御	魚	距	許	虚
恭	恐	狭	挟	峡	況	協	供	享	京	狂	叫	共	凶	漁	御	魚	距	許	虚
恭	恐	狭	挟	峡	況	協	供	享	京	狂	叫	共	凶	漁	御	魚	距	許	虚
恭	恐	狭	挟	峡	況	協	供	享	京	狂	叫	共		漁	御	魚	距	許	虚
恭	恐	狭	挟	峡	況	協	供	享	京	狂	叫	共		漁	御	魚	距	許	虚
恭	恐	狭	挟	峡	況	協	供	享	京	狂				漁	御	魚	距	許	虚
恭	恐	狭	挟	峡	況	協	供	享	京					漁	御	魚	距	許	虚
恭	恐	狭	挟	峡										漁	御	魚	距	許	虚
恭	恐													漁	御	魚	距	許	虚
24	24	24	24	24	24	24	24	24	24	24	24	23	23	23	23	23	23	23	23

玉	極	局	曲	凝	業	暁	仰	驚	響	競	鏡	矯	橋	境	郷	教	強	脅	胸
25	25	25	25	25	25	24	24	24	24	24	24	24	24	24	24	24	24	24	24

句	区	ク	銀	吟	襟	謹	錦	緊	禁	僅	筋	琴	勤	菌	金	近	均	斤	巾
25	25	ページ	25	25	25	25	25	25	25	25	25	25	25	25	25	25	25	25	25

軍	薫	勲	訓	君	繰	熊	窟	掘	屈	串	隅	遇	偶	空	愚	惧	具	駆	苦
26	26	26	26	26	26	26	26	26	26	26	26	26	26	26	26	26	26	26	26

敬	蛍	経	渓	掲	啓	恵	計	契	型	係	茎	径	系	形	刑	兄		群	郡
敬	蛍	経	渓	掲	啓	恵	計	契	型	係	茎	径	系	形	刑	兄		群	郡
敬	蛍	経	渓	掲	啓	恵	計	契	型	係	茎	径	系	形	刑	兄		群	郡
敬	蛍	経	渓	掲	啓	恵	計	契	型	係	茎	径	系	形	刑	兄		群	郡
敬	蛍	経	渓	掲	啓	恵	計	契	型	係	茎	径	系	形	刑	兄		群	郡
敬	蛍	経	渓	掲	啓	恵	計	契	型	係	茎	径	系	形	刑	兄	ケ	群	郡
敬	蛍	経	渓	掲	啓	恵	計	契	型	係	茎	径	系	形	刑			群	郡
敬	蛍	経	渓	掲	啓	恵	計	契	型	係	茎	径	系	形				群	郡
敬	蛍	経	渓	掲	啓	恵	計	契	型	係	茎	径						群	郡
敬	蛍	経	渓	掲	啓	恵	計	契	型	係								群	郡
敬	蛍	経	渓	掲	啓	恵												群	郡
27	27	27	27	27	27	27	27	27	27	27	27	27	27	26	26	26	ページ	26	26

桁	激	撃	劇	隙	鯨	迎	芸	鶏	警	憩	稽	憬	慶	詣	継	携	傾	軽	景
桁	激	撃	劇	隙	鯨	迎	芸	鶏	警	憩	稽	憬	慶	詣	継	携	傾	軽	景
桁	激	撃	劇	隙	鯨	迎	芸	鶏	警	憩	稽	憬	慶	詣	継	携	傾	軽	景
桁	激	撃	劇	隙	鯨	迎	芸	鶏	警	憩	稽	憬	慶	詣	継	携	傾	軽	景
桁	激	撃	劇	隙	鯨	迎	芸	鶏	警	憩	稽	憬	慶	詣	継	携	傾	軽	景
桁	激	撃	劇	隙	鯨	迎	芸	鶏	警	憩	稽	憬	慶	詣	継	携	傾	軽	景
桁	激	撃	劇	隙	鯨	迎	芸	鶏	警	憩	稽	憬	慶	詣	継	携	傾	軽	景
桁	激	撃	劇	隙	鯨	迎	芸	鶏	警	憩	稽	憬	慶	詣	継	携	傾	軽	景
桁	激	撃	劇	隙	鯨			鶏	警	憩	稽	憬	慶	詣	継	携	傾	軽	景
桁	激	撃	劇	隙	鯨			鶏	警	憩	稽	憬	慶	詣	継	携	傾	軽	景
桁	激	撃	劇	隙	鯨			鶏	警	憩	稽	憬	慶	詣	継	携	傾	軽	景
28	28	28	28	28	28	28	28	27	27	27	27	27	27	27	27	27	27	27	27

拳	剣	兼	倹	県	研	建	肩	券	見	件	犬	月	潔	傑	結	決	血	穴	欠
拳	剣	兼	倹	県	研	建	肩	券	見	件	犬	月	潔	傑	結	決	血	穴	欠
拳	剣	兼	倹	県	研	建	肩	券	見	件	犬	月	潔	傑	結	決	血	穴	欠
拳	剣	兼	倹	県	研	建	肩	券	見	件	犬	月	潔	傑	結	決	血	穴	欠
拳	剣	兼	倹	県	研	建	肩	券	見	件	犬	月	潔	傑	結	決	血	穴	欠
拳	剣	兼	倹	県	研	建	肩	券	見	件			潔	傑	結	決	血	穴	
拳	剣	兼	倹	県	研	建	肩	券	見	件			潔	傑	結	決	血		
拳	剣	兼	倹	県	研	建	肩	券	見				潔	傑	結	決			
拳	剣	兼	倹	県	研	建	肩	券					潔	傑	結				
拳	剣	兼	倹	県	研	建							潔	傑	結				
拳	剣	兼	倹										潔	傑	結				
29	28	28	28	28	28	28	28	28	28	28	28	28	28	28	28	28	28	28	28

元	懸	験	顕	繭	鍵	謙	賢	憲	権	遣	絹	献	嫌	検	堅	圏	険	健	軒
29	29	29	29	29	29	29	29	29	29	29	29	29	29	29	29	29	29	29	29

孤	虎	股	固	呼	古	戸	己	コ	厳	源	減	舷	現	原	限	弦	言	玄	幻
30	30	30	30	30	30	30	30	ページ	30	30	30	30	30	29	29	29	29	29	29

語	碁	悟	娯	後	呉	午	互	五	顧	錮	鼓	誇	雇	湖	庫	個	枯	故	弧
31	31	31	31	31	31	30	30	30	30	30	30	30	30	30	30	30	30	30	30

坑	行	考	江	好	后	向	光	交	甲	広	巧	功	孔	勾	公	工	口	護	誤
坑	行	考	江	好	后	向	光	交	甲	広	巧	功	孔	勾	公	工	口	護	誤
坑	行	考	江	好	后	向	光	交	甲	広	巧	功	孔	勾	公	工	口	護	誤
坑	行	考	江	好	后	向	光	交	甲	広	巧	功	孔	勾	公	工	口	護	誤
坑	行	考	江	好	后	向	光	交	甲	広	巧	功	孔	勾	公			護	誤
坑	行	考	江	好	后	向	光	交	甲	広	巧	功						護	誤
坑	行	考	江	好	后	向	光	交										護	誤
坑																		護	誤
																		護	誤
																		護	誤
																		護	誤
32	32	31	31	31	31	31	31	31	31	31	31	31	31	31	31	31	31	31	31

耕	校	候	香	郊	荒	紅	皇	洪	恒	厚	侯	肯	拘	幸	効	更	攻	抗	孝
耕	校	候	香	郊	荒	紅	皇	洪	恒	厚	侯	肯	拘	幸	効	更	攻	抗	孝
耕	校	候	香	郊	荒	紅	皇	洪	恒	厚	侯	肯	拘	幸	効	更	攻	抗	孝
耕	校	候	香	郊	荒	紅	皇	洪	恒	厚	侯	肯	拘	幸	効	更	攻	抗	孝
耕	校	候	香	郊	荒	紅	皇	洪	恒	厚	侯	肯	拘	幸	効	更	攻	抗	孝
耕	校	候	香	郊	荒	紅	皇	洪	恒	厚	侯	肯	拘	幸	効	更	攻	抗	孝
耕	校	候	香	郊	荒	紅	皇	洪	恒	厚	侯	肯	拘	幸	効	更	攻	抗	孝
耕	校	候	香	郊	荒	紅	皇	洪	恒	厚	侯	肯	拘	幸	効	更	攻	抗	孝
耕	校	候	香	郊	荒	紅	皇	洪	恒	厚	侯	肯	拘	幸	効				
耕	校	候	香	郊	荒	紅	皇	洪	恒	厚	侯								
耕	校	候																	
32	32	32	32	32	32	32	32	32	32	32	32	32	32	32	32	32	32	32	32

稿	酵	綱	構	鉱	溝	項	絞	硬	港	慌	喉	黄	梗	控	康	高	降	貢	航
稿	酵	綱	構	鉱	溝	項	絞	硬	港	慌	喉	黄	梗	控	康	高	降	貢	航
稿	酵	綱	構	鉱	溝	項	絞	硬	港	慌	喉	黄	梗	控	康	高	降	貢	航
稿	酵	綱	構	鉱	溝	項	絞	硬	港	慌	喉	黄	梗	控	康	高	降	貢	航
稿	酵	綱	構	鉱	溝	項	絞	硬	港	慌	喉	黄	梗	控	康	高	降	貢	航
稿	酵	綱	構	鉱	溝	項	絞	硬	港	慌	喉	黄	梗	控	康	高	降	貢	航
稿	酵	綱	構	鉱	溝	項	絞	硬	港	慌	喉	黄	梗	控	康	高	降	貢	航
稿	酵	綱	構	鉱	溝	項	絞	硬	港	慌	喉	黄	梗	控	康	高	降	貢	航
稿	酵	綱	構	鉱	溝	項	絞	硬	港	慌	喉	黄	梗	控	康	高	降	貢	航
稿	酵	綱	構	鉱	溝	項	絞	硬	港	慌	喉	黄	梗	控	康	高	降	貢	航
稿	酵	綱	構	鉱	溝	項	絞	硬	港	慌	喉	黄	梗	控	康	高	降	貢	航
33	33	33	33	33	33	33	33	33	33	33	33	33	33	33	33	32	32	32	32

酷	穀	黒	国	刻	谷	告	克	豪	傲	剛	拷	合	号	乞	購	講	鋼	衡	興
34	34	34	34	34	34	34	34	34	34	33	33	33	33	33	33	33	33	33	33

佐	左	サ	懇	墾	魂	紺	痕	混	婚	根	恨	昆	困	今	頃	込	駒	骨	獄
35	35	ページ	34	34	34	34	34	34	34	34	34	34	34	34	34	34	34	34	34

済	採	彩	栽	宰	砕	采	妻	災	再	才	挫	座	鎖	詐	差	唆	砂	査	沙
35	35	35	35	35	35	35	35	35	35	35	35	35	35	35	35	35	35	35	35

作	崎	罪	財	剤	材	在	埼	際	載	歳	塞	催	債	裁	最	菜	細	斎	祭
36	36	36	36	36	36	36	36	36	36	36	36	36	36	36	35	35	35	35	35

皿	雑	擦	撮	察	殺	拶	刹	刷	札	冊	咲	錯	搾	酢	策	索	柵	昨	削
37	37	37	37	37	37	37	37	36	36	36	36	36	36	36	36	36	36	36	36

止	支	子	士	シ	暫	斬	残	賛	酸	算	散	傘	産	惨	蚕	桟	参	山	三
37	37	37	37	ページ	37	37	37	37	37	37	37	37	37	37	37	37	37	37	37

祉	枝	姉	始	刺	使	私	志	伺	至	糸	死	旨	矢	市	四	司	史	仕	氏
38	38	38	38	38	38	38	38	38	38	38	38	38	38	38	38	38	38	38	38

雌	誌	飼	資	詩	試	嗣	歯	詞	紫	視	脂	紙	恣	師	施	指	思	姿	肢
39	39	39	39	39	39	39	39	39	39	39	39	39	38	38	38	38	38	38	38

磁	辞	慈	滋	時	持	治	侍	事	児	似	自	耳	次	寺	字	示	諮	賜	摯
40	40	40	40	40	40	39	39	39	39	39	39	39	39	39	39	39	39	39	39

社	写	芝	実	質	漆	嫉	湿	執	疾	室	失	叱	七	軸	識	式	鹿	璽	餌
社	写	芝	実	質	漆	嫉	湿	執	疾	室	失	叱	七	軸	識	式	鹿	璽	餌
社	写	芝	実	質	漆	嫉	湿	執	疾	室	失	叱	七	軸	識	式	鹿	璽	餌
社	写	芝	実	質	漆	嫉	湿	執	疾	室	失	叱		軸	識	式	鹿	璽	餌
社	写	芝	実	質	漆	嫉	湿	執	疾	室	失	叱		軸	識	式	鹿	璽	餌
社	写	芝	実	質	漆	嫉	湿	執	疾	室	失	叱		軸	識	式	鹿	璽	餌
社		芝	実	質	漆	嫉	湿	執	疾	室				軸	識	式	鹿	璽	餌
社			実	質	漆	嫉	湿	執	疾	室				軸	識		鹿	璽	餌
			実	質	漆	嫉	湿	執	疾	室				軸	識		鹿	璽	餌
				質	漆	嫉	湿	執	疾	室				軸	識		鹿	璽	餌
				質	漆	嫉	湿	執	疾					軸	識		鹿	璽	餌
40	40	40	40	40	40	40	40	40	40	40	40	40	40	40	40	40	40	40	40

寂	弱	若	爵	釈	酌	借	尺	蛇	邪	謝	遮	煮	斜	赦	捨	射	者	舎	車
寂	弱	若	爵	釈	酌	借	尺	蛇	邪	謝	遮	煮	斜	赦	捨	射	者	舎	車
寂	弱	若	爵	釈	酌	借	尺	蛇	邪	謝	遮	煮	斜	赦	捨	射	者	舎	車
寂	弱	若	爵	釈	酌	借	尺	蛇	邪	謝	遮	煮	斜	赦	捨	射	者	舎	車
寂	弱	若	爵	釈	酌	借	尺	蛇	邪	謝	遮	煮	斜	赦	捨	射	者	舎	車
寂	弱	若	爵	釈	酌	借		蛇	邪	謝	遮	煮	斜	赦	捨	射	者	舎	車
寂	弱	若	爵	釈	酌	借		蛇	邪	謝	遮	煮	斜	赦	捨	射	者	舎	車
寂	弱	若	爵	釈	酌	借		蛇	邪	謝	遮	煮	斜	赦	捨	射	者	舎	車
寂	弱	若	爵	釈	酌	借		蛇	邪	謝	遮	煮	斜	赦	捨	射	者	舎	
寂	弱		爵	釈	酌	借		蛇		謝	遮	煮	斜	赦	捨	射			
寂	弱		爵	釈	酌	借		蛇		謝	遮	煮	斜	赦	捨	射			
41	41	41	41	41	41	41	41	41	41	41	41	41	41	41	41	41	41	41	41

樹	儒	需	授	呪	受	寿	趣	種	腫	酒	珠	殊	首	狩	取	朱	守	主	手
樹	儒	需	授	呪	受	寿	趣	種	腫	酒	珠	殊	首	狩	取	朱	守	主	手
樹	儒	需	授	呪	受	寿	趣	種	腫	酒	珠	殊	首	狩	取	朱	守	主	手
樹	儒	需	授	呪	受	寿	趣	種	腫	酒	珠	殊	首	狩	取	朱	守	主	手
樹	儒	需	授	呪	受	寿	趣	種	腫	酒	珠	殊	首	狩	取	朱	守	主	手
樹	儒	需	授	呪	受	寿	趣	種	腫	酒	珠	殊	首	狩	取	朱	守	主	
樹	儒	需	授	呪	受	寿	趣	種	腫	酒	珠	殊	首	狩	取	朱	守		
樹	儒	需	授	呪	受	寿	趣	種	腫	酒	珠	殊	首	狩	取				
樹	儒	需	授	呪	受		趣	種	腫	酒	珠	殊	首	狩	取				
樹	儒	需	授				趣	種	腫	酒	珠	殊	首	狩					
樹	儒	需	授				趣	種	腫	酒	珠	殊							
42	42	42	42	42	42	42	42	42	42	42	42	42	41	41	41	41	41	41	41

愁	集	衆	就	週	習	羞	終	袖	修	臭	秋	拾	宗	周	秀	舟	州	囚	収
43	43	43	43	43	43	42	42	42	42	42	42	42	42	42	42	42	42	42	42

粛	淑	宿	祝	叔	縦	獣	銃	渋	従	重	柔	住	充	汁	十	襲	蹴	醜	酬
43	43	43	43	43	43	43	43	43	43	43	43	43	43	43	43	43	43	43	43

遵	潤	準	順	循	純	殉	准	盾	巡	旬	瞬	春	俊	術	述	出	熟	塾	縮
44	44	44	44	44	44	44	44	44	44	44	44	44	44	44	44	44	44	44	44

召	少	升	小	除	徐	叙	序	助	如	女	諸	緒	署	暑	庶	書	所	初	処
45	45	45	45	45	45	45	45	45	45	45	45	45	44	44	44	44	44	44	44

商	唱	笑	称	祥	症	消	将	宵	昭	沼	松	昇	承	招	尚	肖	抄	床	匠
46	46	46	46	46	46	45	45	45	45	45	45	45	45	45	45	45	45	45	45

障	彰	詳	照	奨	傷	象	証	詔	粧	硝	焦	焼	晶	掌	勝	訟	紹	章	渉
46	46	46	46	46	46	46	46	46	46	46	46	46	46	46	46	46	46	46	46

蒸	畳	場	情	常	剰	浄	城	乗	状	条	冗	丈	上	鐘	礁	償	賞	衝	憧
47	47	47	47	47	47	47	47	47	47	47	47	47	47	47	47	47	47	47	46

申	心	尻	辱	職	織	嘱	触	飾	殖	植	食	拭	色	醸	譲	錠	嬢	壌	縄
48	48	48	48	48	48	48	48	48	48	48	48	48	48	47	47	47	47	47	47

診	森	進	紳	深	針	真	浸	振	娠	唇	神	津	信	侵	辛	身	芯	臣	伸
49	49	49	49	49	49	49	48	48	48	48	48	48	48	48	48	48	48	48	48

漢字	ページ
寝	49
慎	49
新	49
審	49
震	49
薪	49
親	49
人	49
刃	49
仁	49
尽	49
迅	49
甚	49
陣	49
尋	49
腎	49

ス

漢字	ページ
須	49
図	49
水	49
吹	49
垂	50
炊	50
帥	50
粋	50
衰	50
推	50
酔	50
遂	50
睡	50
穂	50
随	50
髄	50
枢	50
崇	50
数	50
据	50
杉	50
裾	50
寸	50

セ

漢字	ページ
瀬	50
是	50
井	50
世	50
正	50
生	50
成	51
西	51
声	51
制	51
姓	51
征	51
性	51
青	51
斉	51
政	51
星	51
牲	51
省	51

石	斥	夕	税	醒	整	請	静	誓	製	精	誠	聖	勢	晴	婿	盛	清	逝	凄
52	52	52	52	52	52	52	51	51	51	51	51	51	51	51	51	51	51	51	51

雪	設	接	窃	拙	折	切	籍	績	積	跡	責	戚	惜	隻	脊	席	析	昔	赤
53	52	52	52	52	52	52	52	52	52	52	52	52	52	52	52	52	52	52	52

船	旋	栓	扇	染	洗	浅	泉	専	宣	先	占	仙	川	千	絶	舌	説	節	摂
53	53	53	53	53	53	53	53	53	53	53	53	53	53	53	53	53	53	53	53

禅	然	善	前	全	鮮	繊	薦	選	遷	線	潜	銭	箋	践	詮	腺	羨	煎	戦
54	54	54	54	54	54	54	54	54	54	54	54	54	54	54	54	53	53	53	53

早	壮	双	礎	遡	塑	訴	疎	組	粗	措	素	租	祖	阻	狙	ソ	繕	膳	漸
55	55	55	55	55	55	55	55	55	55	54	54	54	54	54	54	ページ	54	54	54

痩	喪	創	窓	爽	曽	曹	掃	巣	桑	挿	捜	倉	送	草	荘	相	奏	走	争
56	56	56	56	55	55	55	55	55	55	55	55	55	55	55	55	55	55	55	55

贈	蔵	憎	増	像	造	藻	騒	霜	燥	操	踪	槽	遭	総	層	想	僧	装	葬
56	56	56	56	56	56	56	56	56	56	56	56	56	56	56	56	56	56	56	56

村	存	率	卒	続	賊	属	族	俗	測	側	速	捉	息	則	促	足	束	即	臓
57	57	57	57	57	57	57	57	57	57	57	57	57	57	57	57	57	56	56	56

怠	待	耐	体	対	太	駄	惰	堕	唾	妥	打	汰	多	他	タ	遜	損	尊	孫
58	58	58	58	58	58	58	58	58	58	57	57	57	57	57	ページ	57	57	57	57

宅	滝	題	第	台	代	大	戴	態	滞	隊	貸	替	逮	袋	堆	泰	帯	退	胎
59	59	59	59	58	58	58	58	58	58	58	58	58	58	58	58	58	58	58	58

胆	炭	単	担	旦	丹	誰	棚	奪	脱	達	但	濁	諾	濯	託	拓	卓	沢	択
59	59	59	59	59	59	59	59	59	59	59	59	59	59	59	59	59	59	59	59

知	池	地	チ	壇	談	暖	弾	断	段	男	団	鍛	誕	綻	端	嘆	短	淡	探
60	60	60	ページ	60	60	60	60	60	60	60	60	60	60	60	60	60	59	59	59

仲	中	嫡	着	茶	窒	秩	築	蓄	逐	畜	竹	緻	置	稚	痴	遅	致	恥	値
61	61	61	61	61	61	61	61	61	60	60	60	60	60	60	60	60	60	60	60

長	町	兆	庁	弔	丁	貯	著	駐	鋳	酎	衷	柱	昼	注	抽	忠	宙	沖	虫
62	62	61	61	61	61	61	61	61	61	61	61	61	61	61	61	61	61	61	61

懲	聴	調	澄	潮	嘲	徴	跳	腸	超	貼	朝	鳥	頂	釣	眺	彫	張	帳	挑
62	62	62	62	62	62	62	62	62	62	62	62	62	62	62	62	62	62	62	62

直	勅	捗	沈	珍	朕	陳	賃	鎮	ツ	追	椎	墜	通	塚	漬	坪	爪	鶴
62	62	62	63	63	63	63	63	63	ページ	63	63	63	63	63	63	63	63	63

テ	低	呈	廷	弟	定	底	抵	邸	亭	貞	帝	訂	庭	逓	停	偵	堤	提	程
ページ	63	63	63	63	63	63	63	63	63	63	63	64	64	64	64	64	64	64	64

艇	締	諦	泥	的	笛	摘	滴	適	敵	溺	迭	哲	鉄	徹	撤	天	典	店	点
64	64	64	64	64	64	64	64	64	64	64	64	64	64	64	64	64	64	65	65

筆順

奴	土	賭	塗	渡	都	途	徒	妬	吐	斗	ト	電	殿	伝	田	塡	転	添	展
奴	土	賭	塗	渡	都	途	徒	妬	吐	斗		電	殿	伝	田	塡	転	添	展
奴	土	賭	塗	渡	都	途	徒	妬	吐	斗		電	殿	伝	田	塡	転	添	展
奴	土	賭	塗	渡	都	途	徒	妬	吐	斗		電	殿	伝	田	塡	転	添	展
奴		賭	塗	渡	都	途	徒	妬	吐	斗		電	殿	伝	田	塡	転	添	展
奴		賭	塗	渡	都	途	徒	妬	吐			電	殿	伝	田	塡	転	添	展
		賭	塗	渡	都	途	徒	妬	吐			電	殿	伝		塡	転	添	展
		賭	塗	渡	都	途	徒	妬				電	殿			塡	転	添	展
		賭	塗	渡	都	途	徒	妬				電	殿			塡	転	添	展
		賭	塗	渡	都	途	徒					電	殿			塡	転	添	展
		賭	塗	渡	都	途	徒					電	殿			塡	転	添	展
65	65	65	65	65	65	65	65	65	65	65	ページ	65	65	65	65	65	65	65	65

党	透	討	桃	島	唐	凍	倒	逃	到	東	豆	投	当	灯	冬	刀	怒	度	努
党	透	討	桃	島	唐	凍	倒	逃	到	東	豆	投	当	灯	冬	刀	怒	度	努
党	透	討	桃	島	唐	凍	倒	逃	到	東	豆	投	当	灯	冬	刀	怒	度	努
党	透	討	桃	島	唐	凍	倒	逃	到	東	豆	投	当	灯	冬		怒	度	努
党	透	討	桃	島	唐	凍	倒	逃	到	東	豆	投	当	灯	冬		怒	度	努
党	透	討	桃	島	唐	凍	倒	逃	到	東	豆	投	当	灯	冬		怒	度	努
党	透	討	桃	島	唐	凍	倒	逃	到	東	豆	投	当	灯			怒	度	努
党	透	討	桃	島	唐	凍	倒	逃	到	東	豆	投					怒	度	努
党	透	討	桃	島	唐	凍	倒	逃	到	東							怒	度	
党	透	討	桃	島	唐	凍	倒	逃									怒	度	
党	透	討	桃	島	唐	凍	倒												
66	66	66	66	66	66	66	66	66	66	66	66	66	66	66	66	65	65	65	65

闘	藤	騰	頭	糖	踏	稲	統	筒	等	答	登	痘	湯	棟	搭	塔	陶	盗	悼
闘	藤	騰	頭	糖	踏	稲	統	筒	等	答	登	痘	湯	棟	搭	塔	陶	盗	悼
闘	藤	騰	頭	糖	踏	稲	統	筒	等	答	登	痘	湯	棟	搭	塔	陶	盗	悼
闘	藤	騰	頭	糖	踏	稲	統	筒	等	答	登	痘	湯	棟	搭	塔	陶	盗	悼
闘	藤	騰	頭	糖	踏	稲	統	筒	等	答	登	痘	湯	棟	搭	塔	陶	盗	悼
闘	藤	騰	頭	糖	踏	稲	統	筒	等	答	登	痘	湯	棟	搭	塔	陶	盗	悼
闘	藤	騰	頭	糖	踏	稲	統	筒	等	答	登	痘	湯	棟	搭	塔	陶	盗	悼
闘	藤	騰	頭	糖	踏	稲	統	筒	等	答	登	痘	湯	棟	搭	塔	陶	盗	悼
闘	藤	騰	頭	糖	踏	稲	統	筒	等	答	登	痘	湯	棟	搭	塔	陶	盗	悼
闘	藤	騰	頭	糖	踏	稲	統	筒	等	答	登	痘	湯	棟	搭	塔	陶	盗	悼
闘	藤	騰	頭	糖	踏	稲	統	筒	等	答	登	痘	湯	棟	搭	塔	陶	盗	悼
67	67	67	67	67	67	67	67	67	66	66	66	66	66	66	66	66	66	66	66

騰 騰騰騰騰騰騰騰騰騰騰 67
同 同同同同同同 67
洞 洞洞洞洞洞洞洞洞洞 67
胴 胴胴胴胴胴胴胴胴胴胴 67
動 動動動動動動動動動動 67
堂 堂堂堂堂堂堂堂堂堂堂 67
童 童童童童童童童童童童 67
道 道道道道道道道道道道 67
働 働働働働働働働働働働 67
銅 銅銅銅銅銅銅銅銅銅銅 67
導 導導導導導導導導導導 67
瞳 瞳瞳瞳瞳瞳瞳瞳瞳瞳瞳 67
峠 峠峠峠峠峠峠峠峠峠 67
匿 匿匿匿匿匿匿匿匿匿匿 67
特 特特特特特特特特特特 67
得 得得得得得得得得得得 67
督 督督督督督督督督督督 67
徳 徳徳徳徳徳徳徳徳徳徳 68
篤 篤篤篤篤篤篤篤篤篤篤 68
毒 毒毒毒毒毒毒毒毒 68

独 独独独独独独独独独 68
読 読読読読読読読読読読 68
栃 栃栃栃栃栃栃栃栃栃 68
凸 凸凸凸凸凸 68
突 突突突突突突突突 68
届 届届届届届届届届 68
屯 屯屯屯屯 68
豚 豚豚豚豚豚豚豚豚豚豚 68
頓 頓頓頓頓頓頓頓頓頓頓 68
貪 貪貪貪貪貪貪貪貪貪貪 68
鈍 鈍鈍鈍鈍鈍鈍鈍鈍鈍鈍 68
曇 曇曇曇曇曇曇曇曇曇曇 68
丼 丼丼丼丼丼 68

ナ ページ

那 那那那那那那那 68
奈 奈奈奈奈奈奈奈奈 68
内 内内内内 68
梨 梨梨梨梨梨梨梨梨梨梨 68
謎 謎謎謎謎謎謎謎謎謎謎 68
鍋 鍋鍋鍋鍋鍋鍋鍋鍋鍋鍋 68

南 南南南南南南南南南 68
軟 軟軟軟軟軟軟軟軟軟軟 68
難 難難難難難難難難難難 68

ニ ページ

二 二二 68
尼 尼尼尼尼尼 69
弍 弍弍弍弍弍弍 69
匂 匂匂匂匂 69
肉 肉肉肉肉肉肉 69
虹 虹虹虹虹虹虹虹虹虹 69
日 日日日日 69
入 入入 69
乳 乳乳乳乳乳乳乳乳 69
尿 尿尿尿尿尿尿尿 69
任 任任任任任任 69
妊 妊妊妊妊妊妊妊 69
忍 忍忍忍忍忍忍忍 69
認 認認認認認認認認認認 69

ネ ページ

寧 寧寧寧寧寧寧寧寧寧寧 69

漢字	ページ
熱	69
年	69
念	69
捻	69
粘	69
燃	69

ノ

漢字	ページ
悩	69
納	69
能	69
脳	69
農	69
濃	69

ハ

漢字	ページ
把	70
波	70
派	70
破	70
覇	70
馬	70
婆	70
罵	70
拝	70
杯	70
背	70
肺	70
俳	70
配	70
排	70
敗	70
廃	70
輩	70
売	70
倍	70
梅	70
培	70
陪	70
媒	70
買	70
賠	70
白	71
伯	71
拍	71
泊	71
迫	71
剥	71
舶	71
博	71
薄	71
麦	71
漠	71
縛	71
爆	71
箱	71
箸	71
畑	71
肌	71
八	71
鉢	71
発	71

髪 髪髪髪髪髪髪髪髪髪髪 71
伐 伐伐伐伐伐伐 71
抜 抜抜抜抜抜抜抜 71
罰 罰罰罰罰罰罰罰罰罰罰 71
閥 閥閥閥閥閥閥閥閥閥閥 72
反 反反反反 72
半 半半半半半 72
氾 氾氾氾氾氾 72
犯 犯犯犯犯犯 72
帆 帆帆帆帆帆帆 72
汎 汎汎汎汎汎汎 72
伴 伴伴伴伴伴伴伴 72
判 判判判判判判判 72
坂 坂坂坂坂坂坂坂 72
阪 阪阪阪阪阪阪阪 72
板 板板板板板板板板 72
版 版版版版版版版版 72
班 班班班班班班班班班班 72
畔 畔畔畔畔畔畔畔畔畔畔 72
般 般般般般般般般般般般 72

販 販販販販販販販販販販 72
斑 斑斑斑斑斑斑斑斑斑斑 72
飯 飯飯飯飯飯飯飯飯飯飯 72
搬 搬搬搬搬搬搬搬搬搬搬 72
煩 煩煩煩煩煩煩煩煩煩煩 72
頒 頒頒頒頒頒頒頒頒頒頒 72
範 範範範範範範範範範範 72
繁 繁繁繁繁繁繁繁繁繁繁 72
藩 藩藩藩藩藩藩藩藩藩藩 72
晩 晩晩晩晩晩晩晩晩晩晩 72
番 番番番番番番番番番番 72
蛮 蛮蛮蛮蛮蛮蛮蛮蛮蛮蛮 73
盤 盤盤盤盤盤盤盤盤盤盤 73

ヒ

ページ

比 比比比比 73
皮 皮皮皮皮皮 73
妃 妃妃妃妃妃妃 73
否 否否否否否否否 73
批 批批批批批批批 73
彼 彼彼彼彼彼彼彼彼 73

披 披披披披披披披披 73
肥 肥肥肥肥肥肥肥肥 73
非 非非非非非非非非 73
卑 卑卑卑卑卑卑卑卑卑 73
飛 飛飛飛飛飛飛飛飛飛 73
疲 疲疲疲疲疲疲疲疲疲疲 73
秘 秘秘秘秘秘秘秘秘秘秘 73
被 被被被被被被被被被被 73
悲 悲悲悲悲悲悲悲悲悲悲 73
扉 扉扉扉扉扉扉扉扉扉扉 73
費 費費費費費費費費費費 73
碑 碑碑碑碑碑碑碑碑碑碑 73
罷 罷罷罷罷罷罷罷罷罷罷 73
避 避避避避避避避避避避 73
尾 尾尾尾尾尾尾尾 73
眉 眉眉眉眉眉眉眉眉眉 73
美 美美美美美美美美美 73
備 備備備備備備備備備備 73
微 微微微微微微微微微微 73
鼻 鼻鼻鼻鼻鼻鼻鼻鼻鼻鼻 74

膝	肘	匹	必	泌	筆	姫	百	氷	表	俵	票	評	漂	標	苗	秒	病	描	猫
74	74	74	74	74	74	74	74	74	74	74	74	74	74	74	74	74	74	74	74

品	浜	貧	賓	頻	敏	瓶
74	74	74	74	74	74	75

フ

不	夫	父	付	布	扶	府	怖	阜	附	訃	負
75	75	75	75	75	75	75	75	75	75	75	75

ページ

赴	浮	婦	符	富	普	腐	敷	膚	賦	譜	侮	武	部	舞	封	風	伏	服	副
75	75	75	75	75	75	75	75	75	75	75	75	75	75	76	76	76	76	76	76

聞	文	分	奮	憤	墳	噴	雰	紛	粉	物	仏	沸	払	覆	複	腹	福	復	幅
聞	文	分	奮	憤	墳	噴	雰	紛	粉	物	仏	沸	払	覆	複	腹	福	復	幅
聞	文	分	奮	憤	墳	噴	雰	紛	粉	物	仏	沸	払	覆	複	腹	福	復	幅
聞	文	分	奮	憤	墳	噴	雰	紛	粉	物	仏	沸	払	覆	複	腹	福	復	幅
聞	文	分	奮	憤	墳	噴	雰	紛	粉	物	仏	沸	払	覆	複	腹	福	復	幅
聞			奮	憤	墳	噴	雰	紛	粉	物		沸	払	覆	複	腹	福	復	幅
聞			奮	憤	墳	噴	雰	紛	粉	物		沸		覆	複	腹	福	復	幅
聞			奮	憤	墳	噴	雰	紛	粉	物		沸		覆	複	腹	福	復	幅
聞			奮	憤	墳	噴	雰	紛	粉	物		沸		覆	複	腹	福	復	幅
聞			奮	憤	墳	噴	雰	紛	粉					覆	複	腹	福	復	幅
聞			奮	憤	墳	噴	雰	紛	粉					覆	複	腹	福	復	幅
76	76	76	76	76	76	76	76	76	76	76	76	76	76	76	76	76	76	76	76

蔑	別	癖	璧	壁	米	餅	蔽	弊	幣	塀	閉	陛	柄	並	併	兵	平	丙	ヘ
蔑	別	癖	璧	壁	米	餅	蔽	弊	幣	塀	閉	陛	柄	並	併	兵	平	丙	
蔑	別	癖	璧	壁	米	餅	蔽	弊	幣	塀	閉	陛	柄	並	併	兵	平	丙	
蔑	別	癖	璧	壁	米	餅	蔽	弊	幣	塀	閉	陛	柄	並	併	兵	平	丙	
蔑	別	癖	璧	壁	米	餅	蔽	弊	幣	塀	閉	陛	柄	並	併	兵	平	丙	
蔑	別	癖	璧	壁	米	餅	蔽	弊	幣	塀	閉	陛	柄	並	併	兵	平	丙	
蔑	別	癖	璧	壁		餅	蔽	弊	幣	塀	閉	陛	柄	並	併	兵			
蔑	別	癖	璧	壁		餅	蔽	弊	幣	塀	閉	陛	柄	並	併	兵			
蔑		癖	璧	壁		餅	蔽	弊	幣	塀	閉	陛	柄	並	併				
蔑		癖	璧	壁		餅	蔽	弊	幣	塀	閉	陛	柄						
蔑		癖	璧	壁		餅	蔽	弊	幣	塀	閉	陛							
77	77	77	77	77	77	77	77	77	77	77	77	77	77	77	77	77	77	77	ページ

墓	募	母	舗	補	捕	哺	保	歩	ホ	勉	便	弁	編	遍	偏	変	返	辺	片
墓	募	母	舗	補	捕	哺	保	歩		勉	便	弁	編	遍	偏	変	返	辺	片
墓	募	母	舗	補	捕	哺	保	歩		勉	便	弁	編	遍	偏	変	返	辺	片
墓	募	母	舗	補	捕	哺	保	歩		勉	便	弁	編	遍	偏	変	返	辺	片
墓	募	母	舗	補	捕	哺	保	歩		勉	便	弁	編	遍	偏	変	返	辺	片
墓	募	母	舗	補	捕	哺	保	歩		勉	便	弁	編	遍	偏	変	返	辺	
墓	募		舗	補	捕	哺	保	歩		勉	便		編	遍	偏	変	返		
墓	募		舗	補	捕	哺	保	歩		勉	便		編	遍	偏	変	返		
墓	募		舗	補	捕	哺	保	歩		勉	便		編	遍	偏	変			
墓	募		舗	補	捕	哺	保			勉	便		編	遍	偏	変			
墓	募		舗	補	捕	哺				勉			編	遍	偏				
78	78	78	78	78	78	78	78	78	ページ	78	78	78	78	77	77	77	77	77	77

訪	崩	砲	峰	倣	俸	胞	泡	法	放	抱	宝	奉	邦	芳	包	方	簿	暮	慕
79	79	79	79	79	79	79	79	78	78	78	78	78	78	78	78	78	78	78	78

望	紡	剖	冒	某	肪	房	防	忘	妨	坊	忙	乏	亡	縫	褒	飽	豊	蜂	報
80	79	79	79	79	79	79	79	79	79	79	79	79	79	79	79	79	79	79	79

堀	勃	没	撲	墨	僕	睦	牧	朴	木	北	頬	謀	膨	暴	貌	貿	棒	帽	傍
80	80	80	80	80	80	80	80	80	80	80	80	80	80	80	80	80	80	80	80

漢字	筆順	ページ
本	本本本本本	80
奔	奔奔奔奔奔奔奔奔	80
翻	翻翻翻翻翻翻翻翻翻翻	80
凡	凡凡凡	80
盆	盆盆盆盆盆盆盆盆盆	80
マ		ページ
麻	麻麻麻麻麻麻麻麻麻麻	81
摩	摩摩摩摩摩摩摩摩摩摩	81
磨	磨磨磨磨磨磨磨磨磨磨	81
魔	魔魔魔魔魔魔魔魔魔魔	81
毎	毎毎毎毎毎毎	81
妹	妹妹妹妹妹妹妹妹	81
枚	枚枚枚枚枚枚枚枚	81
昧	昧昧昧昧昧昧昧昧昧	81
埋	埋埋埋埋埋埋埋埋埋埋	81
幕	幕幕幕幕幕幕幕幕幕幕	81
膜	膜膜膜膜膜膜膜膜膜膜	81
枕	枕枕枕枕枕枕枕枕	81
又	又又	81
末	末末末末末	81

漢字	筆順	ページ
抹	抹抹抹抹抹抹抹抹	81
万	万万万	81
満	満満満満満満満満満満	81
慢	慢慢慢慢慢慢慢慢慢慢	81
漫	漫漫漫漫漫漫漫漫漫漫	81
ミ		ページ
未	未未未未未	81
味	味味味味味味味味	81
魅	魅魅魅魅魅魅魅魅魅魅	81
岬	岬岬岬岬岬岬岬岬	81
密	密密密密密密密密密密	81
蜜	蜜蜜蜜蜜蜜蜜蜜蜜蜜蜜	81
脈	脈脈脈脈脈脈脈脈脈脈	81
妙	妙妙妙妙妙妙妙	81
民	民民民民民	82
眠	眠眠眠眠眠眠眠眠眠眠	82
ム		ページ
矛	矛矛矛矛矛	82
務	務務務務務務務務務務	82
無	無無無無無無無無無無	82

漢字	筆順	ページ
夢	夢夢夢夢夢夢夢夢夢夢	82
霧	霧霧霧霧霧霧霧霧霧霧	82
娘	娘娘娘娘娘娘娘娘娘娘	82
メ		ページ
名	名名名名名名	82
命	命命命命命命命命	82
明	明明明明明明明明	82
迷	迷迷迷迷迷迷迷迷迷	82
冥	冥冥冥冥冥冥冥冥冥冥	82
盟	盟盟盟盟盟盟盟盟盟盟	82
銘	銘銘銘銘銘銘銘銘銘銘	82
鳴	鳴鳴鳴鳴鳴鳴鳴鳴鳴鳴	82
滅	滅滅滅滅滅滅滅滅滅滅	82
免	免免免免免免免免	82
面	面面面面面面面面面	82
綿	綿綿綿綿綿綿綿綿綿綿	82
麺	麺麺麺麺麺麺麺麺麺麺	82
モ		ページ
茂	茂茂茂茂茂茂茂茂	82
模	模模模模模模模模模模	82

漢字	筆順	ページ
毛	毛毛毛毛	82
妄	妄妄妄妄妄妄	82
盲	盲盲盲盲盲盲盲盲	83
耗	耗耗耗耗耗耗耗耗耗耗	83
猛	猛猛猛猛猛猛猛猛猛猛	83
網	網網網網網網網網網網	83
目	目目目目目	83
黙	黙黙黙黙黙黙黙黙黙黙	83
門	門門門門門門門門	83
紋	紋紋紋紋紋紋紋紋紋紋	83
問	問問問問問問問問問問	83

ヤ

漢字	筆順	ページ
冶	冶冶冶冶冶冶冶	83
夜	夜夜夜夜夜夜夜夜	83
野	野野野野野野野野野野	83
弥	弥弥弥弥弥弥弥弥	83
厄	厄厄厄厄	83
役	役役役役役役役	83
約	約約約約約約約約約	83
訳	訳訳訳訳訳訳訳訳訳訳	83

漢字	筆順	ページ
薬	薬薬薬薬薬薬薬薬薬薬	83
躍	躍躍躍躍躍躍躍躍躍躍	83
闇	闇闇闇闇闇闇闇闇闇闇	83

ユ

漢字	筆順	ページ
由	由由由由由	83
油	油油油油油油油油	83
喩	喩喩喩喩喩喩喩喩喩喩	83
愉	愉愉愉愉愉愉愉愉愉愉	83
諭	諭諭諭諭諭諭諭諭諭諭	83
輸	輸輸輸輸輸輸輸輸輸輸	83
癒	癒癒癒癒癒癒癒癒癒癒	84
唯	唯唯唯唯唯唯唯唯唯唯	84
友	友友友友	84
有	有有有有有有	84
勇	勇勇勇勇勇勇勇勇勇	84
幽	幽幽幽幽幽幽幽幽幽	84
悠	悠悠悠悠悠悠悠悠悠悠	84
郵	郵郵郵郵郵郵郵郵郵郵	84
湧	湧湧湧湧湧湧湧湧湧湧	84
猶	猶猶猶猶猶猶猶猶猶猶	84

漢字	筆順	ページ
裕	裕裕裕裕裕裕裕裕裕裕	84
遊	遊遊遊遊遊遊遊遊遊遊	84
雄	雄雄雄雄雄雄雄雄雄雄	84
誘	誘誘誘誘誘誘誘誘誘誘	84
憂	憂憂憂憂憂憂憂憂憂憂	84
融	融融融融融融融融融融	84
優	優優優優優優優優優優	84

ヨ

漢字	筆順	ページ
与	与与与	84
予	予予予予	84
余	余余余余余余余	84
誉	誉誉誉誉誉誉誉誉誉誉	84
預	預預預預預預預預預預	84
幼	幼幼幼幼幼	84
用	用用用用用	84
羊	羊羊羊羊羊羊	84
妖	妖妖妖妖妖妖妖	84
洋	洋洋洋洋洋洋洋洋洋	84
要	要要要要要要要要要	85
容	容容容容容容容容容容	85

翌	欲	浴	沃	抑	曜	謡	擁	養	窯	踊	瘍	様	腰	溶	陽	葉	揺	揚	庸
翌	欲	浴	沃	抑	曜	謡	擁	養	窯	踊	瘍	様	腰	溶	陽	葉	揺	揚	庸
翌	欲	浴	沃	抑	曜	謡	擁	養	窯	踊	瘍	様	腰	溶	陽	葉	揺	揚	庸
翌	欲	浴	沃	抑	曜	謡	擁	養	窯	踊	瘍	様	腰	溶	陽	葉	揺	揚	庸
翌	欲	浴	沃	抑	曜	謡	擁	養	窯	踊	瘍	様	腰	溶	陽	葉	揺	揚	庸
翌	欲	浴	沃	抑	曜	謡	擁	養	窯	踊	瘍	様	腰	溶	陽	葉	揺	揚	庸
翌	欲	浴	沃	抑	曜	謡	擁	養	窯	踊	瘍	様	腰	溶	陽	葉	揺	揚	庸
翌	欲	浴	沃	抑	曜	謡	擁	養	窯	踊	瘍	様	腰	溶	陽	葉	揺	揚	庸
翌	欲	浴			曜	謡	擁	養	窯	踊	瘍	様	腰	溶	陽	葉	揺	揚	庸
翌	欲	浴			曜	謡	擁	養	窯	踊	瘍	様	腰	溶	陽	葉	揺	揚	庸
翌	欲	浴			曜	謡	擁	養	窯	踊	瘍	様	腰	溶	陽	葉	揺	揚	庸
85	85	85	85	85	85	85	85	85	85	85	85	85	85	85	85	85	85	85	85

吏		欄	藍	濫	覧	卵	乱	辣	酪	落	絡	頼	雷	来	羅	裸	拉		翼
吏		欄	藍	濫	覧	卵	乱	辣	酪	落	絡	頼	雷	来	羅	裸	拉		翼
吏		欄	藍	濫	覧	卵	乱	辣	酪	落	絡	頼	雷	来	羅	裸	拉		翼
吏		欄	藍	濫	覧	卵	乱	辣	酪	落	絡	頼	雷	来	羅	裸	拉		翼
吏		欄	藍	濫	覧	卵	乱	辣	酪	落	絡	頼	雷	来	羅	裸	拉		翼
吏	リ	欄	藍	濫	覧	卵	乱	辣	酪	落	絡	頼	雷	来	羅	裸	拉	ラ	翼
吏		欄	藍	濫	覧	卵	乱	辣	酪	落	絡	頼	雷	来	羅	裸	拉		翼
		欄	藍	濫	覧	卵	乱	辣	酪	落	絡	頼	雷	来	羅	裸	拉		翼
		欄	藍	濫	覧			辣	酪	落	絡	頼	雷		羅	裸	拉		翼
		欄	藍	濫	覧			辣	酪	落	絡	頼	雷		羅	裸			翼
		欄	藍	濫	覧			辣	酪	落	絡	頼	雷		羅	裸			翼
86	ページ	86	86	86	86	86	86	86	86	86	86	86	86	86	85	85	85	ページ	85

硫	隆	粒	竜	留	流	柳	略	慄	律	立	陸	離	璃	履	裏	痢	理	里	利
硫	隆	粒	竜	留	流	柳	略	慄	律	立	陸	離	璃	履	裏	痢	理	里	利
硫	隆	粒	竜	留	流	柳	略	慄	律	立	陸	離	璃	履	裏	痢	理	里	利
硫	隆	粒	竜	留	流	柳	略	慄	律	立	陸	離	璃	履	裏	痢	理	里	利
硫	隆	粒	竜	留	流	柳	略	慄	律	立	陸	離	璃	履	裏	痢	理	里	利
硫	隆	粒	竜	留	流	柳	略	慄	律	立	陸	離	璃	履	裏	痢	理	里	利
硫	隆	粒	竜	留	流	柳	略	慄	律		陸	離	璃	履	裏	痢	理	里	利
硫	隆	粒	竜	留	流	柳	略	慄	律		陸	離	璃	履	裏	痢	理	里	利
硫	隆	粒	竜	留	流	柳	略	慄	律		陸	離	璃	履	裏	痢	理		
硫	隆	粒	竜	留	流	柳	略	慄	律		陸	離	璃	履	裏	痢	理		
硫	隆	粒	竜	留	流		略	慄			陸	離	璃	履	裏	痢	理		
87	87	87	87	87	87	87	86	86	86	86	86	86	86	86	86	86	86	86	86

緑	力	糧	瞭	療	寮	領	僚	量	陵	猟	涼	料	良	両	了	慮	虜	旅	侶
87	87	87	87	87	87	87	87	87	87	87	87	87	87	87	87	87	87	87	87

鈴	例	戻	励	冷	礼	令	レ	類	塁	累	涙	瑠	ル	臨	隣	輪	倫	厘	林
88	88	88	88	88	88	88	ページ	88	88	88	88	88	ページ	88	88	88	88	88	88

賂	炉	呂	ロ	錬	練	廉	連	恋	裂	烈	劣	列	歴	暦	麗	齢	隷	霊	零
89	89	89	ページ	89	89	89	89	89	89	89	89	88	88	88	88	88	88	88	88

		ページ
路	路路路路路路路路路路	89
露	露露露露露露露露露露	89
老	老老老老老老	89
労	労労労労労労労	89
弄	弄弄弄弄弄弄弄	89
郎	郎郎郎郎郎郎郎郎郎	89
朗	朗朗朗朗朗朗朗朗朗朗	89
浪	浪浪浪浪浪浪浪浪浪浪	89
廊	廊廊廊廊廊廊廊廊廊廊	89
楼	楼楼楼楼楼楼楼楼楼楼	89
漏	漏漏漏漏漏漏漏漏漏漏	89
籠	籠籠籠籠籠籠籠籠籠籠	89
六	六六六六	89
録	録録録録録録録録録録	89
麓	麓麓麓麓麓麓麓麓麓麓	89
論	論論論論論論論論論論	90

ワ

		ページ
和	和和和和和和和和	90
話	話話話話話話話話話話	90
賄	賄賄賄賄賄賄賄賄賄賄	90
脇	脇脇脇脇脇脇脇脇脇脇	90
惑	惑惑惑惑惑惑惑惑惑惑	90
枠	枠枠枠枠枠枠枠枠	90
湾	湾湾湾湾湾湾湾湾湾湾	90
腕	腕腕腕腕腕腕腕腕腕腕	90

十四画

十三画

清 51
淡 59
添 65
涼 87
猫 74
猛 83
猟 87
率 57
球 23
現 30
理 86
瓶 75
産 37
異 9
略 86
痕 34
盛 51
盗 66
眼 20
眺 62
祭 35
票 74
移 10
窓 56
窒 61
章 46
第 59
笛 64
符 75
粗 55
粘 69
粒 87
累 88
経 27
紺 34
細 35
終 42
紹 46
紳 49
組 55
羞 42
習 43
翌 85
粛 43
脚 22
脱 59
脳 69
舷 30
船 53
舶 71
萎 10
菓 14
菊 22
菌 25
菜 35
著 61
虚 23
蛍 27
蛇 41
術 44
袋 58
規 21
視 39
許 23
訟 46
設 52
訪 79
訳 83
豚 68
貨 14
貫 18
責 52
貪 68
貧 74
販 72
赦 41
転 65
軟 68
逸 10
週 43
進 49
逮 58
郭 17
郷 24
都 65
部 75
郵 84
酔 50
釈 41
野 83
釣 62
閉 77
陰 11
険 29
陳 63
陶 66
陪 70
陸 86
隆 87
陵 87
雪 53
斎 35
頃 34
頂 62
魚 23
鳥 62
鹿 40
麻 81
黄 33
黒 34
亀 21

十二画

偉 10
備 73
傍 80
傘 37
割 18
創 56
勤 25
勝 46
募 78
博 71
喜 21
善 54
喪 56
喚 19
喫 22
喉 33
喩 83
圏 29
堅 29
堕 58
報 79
塁 88
堪 19
場 47
塚 63
堤 64
塔 66
塀 77
奥 13
媛 12
婿 51
媒 70
寒 19
富 75
尋 49
尊 57
就 43
属 57
嵐 9
幅 76
帽 80
幾 21
廃 70
廊 89
弾 60
御 23
循 44
復 76
営 11
悲 73
惑 90
慌 33
惰 58
愉 83
扉 73
掌 46
握 9
援 12
換 19
揮 21
提 64
搭 66
揚 85
揺 85
敢 19
敬 27
散 37

十一画

索引

九画

六画

付録 常用漢字画数索引

本書 9 ～ 90 ページに掲載している常用漢字（2136 字）を画数順に配列した。同じ画数のなかでは、部首順に並べた（部首の順序については、本書 111 ～ 118 ページ掲載の「部首一覧表」を参照）。漢字の右の数字は掲載ページ。

漢検要覧 2～10級対応 改訂版

2021年9月30日　第1版第3刷　発行
編　者　公益財団法人 日本漢字能力検定協会
発行者　山崎　信夫
印刷所　三松堂株式会社

発行所　公益財団法人 日本漢字能力検定協会
〒605-0074　京都市東山区祇園町南側551番地
☎(075) 757-8600
ホームページ https://www.kanken.or.jp/

Printed in Japan
ISBN978-4-89096-400-0 C0081